视觉传达设计专业
教学创新与应用研究

左明 著

化学工业出版社
·北京·

内容简介

本书主要探讨智能时代设计教育的变革，旨在为设计教育提供科技与人文并重的革新方案。全书分为三部分：

认知升级——分析 AR/VR（增强现实 / 虚拟现实）、AI（人工智能）、参数化设计等技术如何改变设计内核，强调跨学科融合（如神经美学）和技术伦理。

实践创新——构建模块化课程（基础—技术—价值），打造元宇宙课堂、数字孪生工作坊等虚实结合场景，并用麻省理工学院等案例验证产教结合模式。

未来方向——提出创新评估方法（如 Git 式跟踪、影响力量化等），结合脑机接口、区块链等前沿技术，描绘未来设计师所需的技术、文化和系统素养。书中以阿尔托大学虚拟实验室等为例，展示数字孪生技术（空间映射、手势分析）如何革新远程协作，也提醒了虚拟化可能带来的感知弱化和文化理解风险。

本书适合设计院校教师、教育技术研究者、课程开发者及行业创新实践者阅读，将为其提供从理论重构到教学实践的全链条解决方案，助力在智能时代构建更具前瞻性、包容性与伦理意识的设计教育新范式。

图书在版编目（CIP）数据

视觉传达设计专业教学创新与应用研究 / 左明著. 北京 : 化学工业出版社，2026. 2. -- ISBN 978-7-122-49837-3

Ⅰ. J062

中国国家版本馆CIP数据核字第2026PF9383号

责任编辑：夏明慧　　文字编辑：史燕妮　杨振美
责任校对：杜杏然　　装帧设计：王晓宇

出版发行：化学工业出版社
（北京市东城区青年湖南街 13 号　邮政编码 100011）
印　　装：涿州市般润文化传播有限公司
710mm×1000mm　1/16　印张 12¼　字数 207 千字
2026 年 3 月北京第 1 版第 1 次印刷

购书咨询：010-64518888　　售后服务：010-64518899
网　　址：http://www.cip.com.cn
凡购买本书，如有缺损质量问题，本社销售中心负责调换。

定　　价：78.00元

Preface 前言

在媒介形态经历拓扑重构与计算性转向的当代语境下，视觉传达设计教育体系正面临认知论与方法论的双重解域化挑战，这种变革的深层动因源于技术哲学范畴的工具理性扩张与文化认知科学领域的符号系统嬗变之间的辩证运动。当前行业生态呈现出超媒介性特征与跨物质性实践的复杂缠结，生成式人工智能的涌现不仅重构了视觉生产的技术基底，更通过算法黑箱消解了传统设计思维中的主体性边界；元宇宙空间的沉浸式叙事需求推动视觉语言向多模态感知维度拓展，而全球文化遗产的数字化迁徙则迫使平面媒介突破欧几里得空间的物理限制，向量子化信息场域进行认知跃迁。

在此背景下，传统教学体系的局限性逐渐显现为三重悖论：学科知识更新的线性速率与产业技术迭代的指数曲线之间形成的教育时滞效应，工具主义导向下技术操作与人文内涵的认知论断层，以及跨学科协作中因符号系统不可通约性导致的语义翻译障碍。

本书基于对全球先锋设计教育机构改革路径的历时性考察，结合本土教学实验的实证研究，试图架构“技术媒介—文化认知—产业生态”三位一体的教育创新模型，其理论根基在于将认知神经科学原理与数字人文方法论引入设计教育研究视域。本书在方法论层面的突破体现为将数字孪生技术深度耦合于设计思维训练的全生命周期，构建起虚实互渗的混合现实教学场景。部分高校的教学实践中，学生通过触觉增强型扩展现实设备介入敦煌壁画色彩修复的虚拟场域，在多重感官通道的协同作用下理解钴蓝颜料从波斯矿物到唐代壁画的物质迁徙史，由此形成技术工具与文化遗产的价值共生关系。研究团队在跨院校教学实验中观察到，采用动态知识图谱架构的课程体系显著提升了学生在社会创新设计项目中的跨学科协作效能，这种现象的认知科学解释可能源于神经网络的可塑性机制与知识拓扑结构的同构效应。

本书的目标读者群涵盖设计教育理论研究者、高等艺术院校课程改革实践者及文化科技创新机构研发人员，尤其为关注视觉传达设计在文化遗产活化、元宇宙空间构建及人工智能伦理等前沿交叉领域的研究者提供方法论参照。本书的核心贡献在于提出“技术伦理评估矩阵”与“文化认知坐标系”的双重分析框架。前者通过解构算法偏见与视觉认知的交互作用机制，揭示技术工具对设计主体性的重塑路径；后者运用符号学与现象学方法，在跨文化语境中建立视觉元素的语义拓扑网络，为破解工具理性与价值理性的二元对立困境提供新的理论路径。

本书试图在数字人文的跨学科视野下，重新锚定视觉传达设计教育在技术加速主义时代的价值坐标，最终旨在构建既能承载文化记忆又具有未来指向性的新型设计教育生态系统。

本书涉及科技与人文的深度融合，着重跨学科理论建构与实践探索，难免存在疏漏与不足，恳请广大读者不吝指正。

著者

2025 年 10 月

Contents 目录

导论

技术革命与设计教育范式迁移

一、智能时代视觉传达设计的学科边界重塑

智能时代视觉传达设计的学科边界正经历着技术驱动的重构过程，其变革轨迹呈现出从物理载体向数字场域延伸的显著特征。媒介技术的迭代升级使传统以平面印刷为核心的表达体系发生根本性转型，动态影像、交互界面与虚拟空间等新兴载体不断拓展着视觉传达的作用维度，这种媒介形态的多元化直接引发学科内涵与外延的持续演变。学科内核的转变表现为从形式美学的视觉优化转向信息传达的效能提升，研究焦点逐步延伸至信息架构的逻辑性与感知系统的认知规律，在此过程中形成视觉符号学与认知心理学相融合的理论框架。

技术介入不仅改变了设计产出的表现形式，更重要的是推动了创作思维的范式转换，算法逻辑与艺术直觉的协同作用促使跨媒介叙事方法论的生成，这种思维方式的整合促使学科知识体系呈现出网络化特征。原有课程结构中孤立的专业技能模块正在被问题导向的知识节点取代，教学体系通过建立模块间的动态关联形成适应技术更新的弹性结构。学科边界重构的本质在于教育系统对技术环境的动态适应过程，其核心价值体现在专业人才能力模型的更新迭代，既要培养应对智能工具的技术理解力，又要保持艺术创新的主体意识，最终实现技术应用与人文价值的创造性平衡。

二、全球设计教育变革的三大趋势（数字化渗透、学科融通化、社会介入性）

全球设计教育正在经历由技术革命引发的系统性转型，其变革动力主要源自数字化进程的深度推进、学科壁垒的消解和重构以及教育价值的社会性转向三重维度。技术迭代首先重塑了教学实践的物理空间，虚拟仿真平台的普及使教学过程突破了实体教室的时空限制，数字孪生技术不仅实现了创作过程的动态还原，更重要的是建立起了师生协同创新的可视化通道，这种技术渗透正在重构知识传授的路径，提高知识传授的效率。

与此同时，艺术与科技的学科分野在认知科学等跨领域理论的介入下逐渐模糊，设计方法论开始整合神经感知机制与美学原理，形成具有科学解释力的创作

范式，这种知识结构的重组促使教育模式从经验型传承转向原理型推导，建立起可验证、可迭代的教学体系。教育变革的深层驱动力还体现在社会责任意识的觉醒，教学设计开始主动对接环境可持续、文化多样性等人类共同命题，通过将复杂社会问题转化为教学课题，既培养设计者的系统思维能力，又强化其价值判断的主体意识。这三大变革维度构成相互支撑的有机整体，技术革新提供实践工具，学科融通构建知识基础，价值引导确立发展方向，共同推动设计教育从专业技能训练转向创新生态系统构建，其终极目标是培养具备技术驾驭力、跨学科整合力与社会洞察力的复合型设计人才。

三、研究框架与方法论创新

面向技术革新的教学体系建构需要突破单一学科的研究范式，通过整合技术哲学、教育生态学与认知科学的交叉视角形成多维分析框架。技术哲学的介入着重探讨智能工具与设计思维间的共生关系，解析人机协作中认知模式的演变规律，为解决技术应用中的主体性困境提供理论支撑。教育生态学的观察维度将教学系统视为动态平衡的生命体，通过诊断教师、学生、技术工具等要素间的能量交换机制，优化知识传递的生态循环路径。认知科学的理论贡献体现在学习过程的可视化建模，基于神经可塑性原理构建能力发展的动态图谱，为教学策略调整提供生物机制层面的依据。

在此复合框架下，教学方法的革新呈现出从单向传递到多维交互的转变趋势，具体表现为知识习得场景从标准课堂向虚实融合环境迁移，学习主体从独立个体向协作群体演化，评估体系从静态结果测量转向成长轨迹追踪。这种变革并非对传统教学模式的颠覆，而是在保持教育本质的基础上融入敏捷迭代机制，通过项目驱动式学习与问题导向训练，构筑能够自适应技术环境变化的教学生态系统，其核心在于平衡技术赋能与人文传承的双重诉求，最终实现教育价值在智能时代的持续增值。

第一部分

教学创新的认知重构

第一章 数字媒介时代的教学语境变革

Chapter 1

第一节 从平面到多维：AR/VR 技术带来的叙事革命

一、AR/VR 技术驱动下的三维教学空间叙事重构

（一）空间叙事：三维课堂的空间重构逻辑

1. 知识传递逻辑的空间解构与重组

数字媒介技术的持续革新正在重塑视觉传达设计的教学基础架构，AR/VR（增强现实 / 虚拟现实）技术的引入突破了传统平面叙事的线性框架，推动教学语境向空间维度跃迁。技术对教学模式的改造并非停留于视觉呈现形式的优化，而是通过三维空间的拓扑结构重构知识传递的内在逻辑，使原本二维平面中的视觉元素获得深度与时间双重维度的延展性。这种空间重构遵循认知负荷理论的指导原则，将教学内容拆解为层级化的立体模块，在虚拟坐标系中形成可交互的知识节点网络。教学空间的维度扩展促使知识表征方式发生质变，从符号化的抽象表达转向基于身体感知的具象化体验。学习者通过空间位移触发知识节点的动态关联，利用虚拟环境的拓扑特性自主构建认知地图，这一过程有效缓解了传统平面教学中信息冗余与注意力分散的困境。

2. 教师作为空间认知架构设计者的范式升级

在此技术框架下，教师角色从知识的单向传递者转型为空间认知架构的

设计者，其核心任务转变为构建符合神经认知规律的三维知识图谱；学生则通过空间探索行为完成对复杂信息场的主动建构。空间重构的本质意义在于打破线性教学序列的固化模式，建立多通道、非线性的知识获取路径，推动视觉传达教学从被动灌输转向主动探究，实现知识习得与空间感知能力的协同发展。

（二）沉浸式学习：虚拟场景的认知沉浸机制

1. 多模态感知融合的神经增强效应

虚拟现实技术构建的沉浸式教学环境本质上是认知科学理论的技术转化，其核心在于通过多感官通道的协同刺激激活学习者的具身认知系统。视觉、听觉与体感反馈的深度融合创造出超越物理边界的认知场域，多模态感知的同步作用形成注意力资源的定向聚焦，诱导学习者进入深度沉浸的认知状态。这种沉浸机制的实现依赖于心智模型与虚拟环境的动态交互，学习者在操作虚拟化身的过程中不断修正认知框架，将抽象设计原理转化为可体验的场景化要素。技术构建的拟真环境通过激活镜像神经元系统，使复杂的思维过程获得可视化呈现，在神经层面形成模拟学习的生物基础，显著提升知识迁移的效率。

2. 虚实认知锚点的动态平衡设计

沉浸式学习的持续深化需要维持心流状态，虚拟场景通过动态调整任务难度与学习者技能水平的匹配度，保持认知投入的最佳阈值，而实时反馈机制则通过强化循环巩固知识建构成果。值得注意的是，沉浸式设计的有效性取决于虚拟与现实认知锚点的平衡配置，过度逼真可能引发感知系统的适应性冲突，因此需要遵循认知弹性理论，构建虚实交融的混合学习空间。这种教学机制的革新将传统单向信息传递模式转化为可交互的认知实践系统，为高阶设计思维的培养提供神经科学维度的支撑依据。

（三）交互叙事：学习者角色从旁观到参与

1. 行为选择驱动的知识生成闭环

数字媒介技术推动教学叙事模式产生本质性变革，AR/VR 技术的交互特性重构了传统教学中知识传递的单向路径，促使学习者从信息接收的被动状态转向参与建构的主动角色。这种转变的认知学基础在于教学叙事结构的动态重组，技术赋予学习者通过行为选择影响知识呈现轨迹的能力，形成具有闭环特征的认知反馈系统。交互叙事的核心机制在于解构线性知识传播链条，通过建立分支化节点来构建非线性的认知框架，学习者的操作行为直接决定知识模块的激活顺序与组合方式。在此过程中，教学内容从固定预设转向即时生成，学习者的认知活动通过与叙事进程的实时互动得到持续强化。

2. 试错驱动的设计思维内化路径

交互技术的应用改变了知识内化的动力模式，通过手势控制、视线交互等自然操作方式简化认知处理流程，使抽象的设计理论转化为可感知的行为响应。教师的教学策略重心转向交互逻辑的顶层设计，通过构建合理的路径选择规则与反馈调节机制引导认知探索方向，学习者在试错过程中逐步掌握设计思维的内在规律。这种叙事范式的升级不仅增强了学习过程的参与性，更重要的是通过行为驱动建立起知识获取与认知发展的双向联结，使视觉传达设计教学突破传统灌输模式，转化为培养创造性思维的系统化训练场域，为设计能力的进阶提供认知神经层面的支持。

（四）多感官通道：视听触觉的协同教学路径

1. 神经增效机制下的感知协同系统

多维度感知系统的整合应用源自具身认知理论的教学实践转化，AR/VR 技术通过模拟人类感知系统的协同工作原理，构建起视觉、听觉与触觉联动的认知增强体系。视觉维度作为核心信息载体，通过三维空间映射实现设计要素的立体化表征；听觉维度借助方位声场技术增强空间感知的真实度；触觉维度则通过力学反馈装置将抽象概念转化为可触达的物理信号。这种多通道协同机制的本质在于跨模态信息的神经整合增效，不同感官输入在时间维度与空间维度形成精确配准，产生认知层面的共振强化效应。技术实现的感知同步系统符合人脑信息处理的并行特性，多感官刺激的协同作用有效提升工作记忆的储存效率，使复杂设计原理的认知负荷得到科学分配。教学路径设计需遵循感知整合理论的基本原则，通过精准控制各通道的信息强度与呈现节奏，实现认知资源的优化配置。

2. 触觉通道的身体化记忆构建

触觉通道的特殊价值在于通过体感交互将空间思维转化为肌肉运动记忆，实现认知过程的身体化沉淀。需要特别关注的是，多感官教学系统的有效性依赖于通道间的互补关系设计，过度刺激可能造成感知系统过载，因此需要依据认知神经机制建立动态调节系统。这种教学范式的转型将传统以视觉为主导的平面教学模式升级为全感官参与的立体化认知系统，为视觉传达设计教学提供了符合人类感知规律的创新实践路径。

（五）虚实融合：数字孪生课堂的教学实践

1. 实体空间与虚拟空间的认知联结

数字孪生技术在教学中构建了实体空间与虚拟空间的互动桥梁，通过精确模拟与即时数据互通实现教学场景的双向联动。实体课堂的物理操作与虚拟模型的数字反馈形成认知发展的双重路径，这种双向映射机制突破传统教学的平面局限，使抽象概念通过虚实联动的可视化过程转化为可感知的认知对象。技术融合的核心在于建立实体环境与数字系统的动态关联，传感器网络实时捕捉物理变量变化，虚拟系统则通过算法运算反向优化教学决策，形成闭环式的认知调节机制。

2. 跨维度思维训练的虚实参照系

学习者的行为在虚实空间同步产生影响，实体工具的操作触觉与虚拟界面的即时渲染相互叠加，形成认知深化的协同效应。教学设计的重点转向虚实联动的任务引导，教师通过设置跨维度思维训练节点，借助虚实空间的差异对比构建用于错误修正的视觉参照系。虚实融合深度依赖于数据交互的精确度与即时性，需平衡技术复杂度与认知负荷的关系，避免因信息冗余导致注意力分散。这种实践模式的价值在于突破物质条件限制，将物理经验与数字思维整合为统一的教学框架，使设计思维的培养从平面推演转向三维建构，在虚实交织的环境中实现创新能力的立体化发展。

二、数字孪生认知场域：教学语境的范式突破

（一）动态场景：教学情境的即时生成模式

1. 算法驱动的教学空间动态演化

教学情境的动态生成基于系统自组织原理，通过智能算法实现场景要素的自动重组与即时调整。预设教学场景的静态模式被打破，环境根据学习者的认知进程实时演化，形成与个体发展同步的教学空间。参数化建模技术将教学内容转化为可动态调节的要素集，通过数据采集与算法分析驱动场景复杂度呈梯度提升，确保认知挑战与学习能力的动态匹配。环境变化不仅体现在视觉元素的重新组合上，更在于交互规则的隐性调整，通过反馈机制的弹性设计维持认知投入的持续性。个性化学习路径在操作轨迹的驱动下自然生成，每个交互行为都转化为场景演化的触发条件，形成独特的认知发展脉络。

2. 个性化路径的自主生成机制

教师角色转变为生成规则的顶层设计者，通过定义基础参数与关联逻辑构建系统框架，具体演化过程则由学习者的认知活动自主驱动。动态生成的开放性可能带来目标偏离的风险，需通过隐性约束机制平衡自由探索与教学导向，在保持创造空间的同时确保核心目标的达成。这种模式将固定教学场景转化为具有生命力的认知生态系统，使视觉传达设计教学从标准化输出转向个性化培育，为创新思维提供持续进化的成长环境。

（二）叙事维度：从线性讲述到超文本链接

1. 超文本技术重构的知识拓扑

传统教学采用的单向知识传递模式在数字技术推动下发生了根本性转变，超文本技术通过网状信息结构重构教学叙事方式。线性逻辑的打破使得知识单元呈现多向关联特征，教学内容以节点形式构成非层级化网络，学习者的认知路径从预设轨道转向自主探索。这种转变本质上是认知框架的空间化扩展，通过语义链接技术将离散的知识点编织成动态关联体系，学科间的壁垒在交叉引用中被逐步消解。教学设计需要遵循人脑认知的跳跃性特征，在知识网络的关键枢纽处设置导航锚点，既保障思维发散的创造性，又维持认知路径的连贯性。

2. 自由探索与目标导向的平衡术

教师角色从内容讲述者转为结构设计者，通过调整节点关联强度与路径可见性来构建弹性认知空间，使理论知识的获取过程转化为思维网络的主动编织行为。超文本系统的开放性与教学目标的导向性形成张力关系，需通过动态平衡机制协调自由探索与保持知识体系完整性的矛盾。这种叙事维度的革新将固定教材转化为可生长的认知生态，为视觉传达设计教学提供符合数字时代思维特征的训练场域，使设计思维的培养突破传统线性逻辑的束缚。

（三）认知映射：虚拟空间中的知识建构路径

1. 三维拓扑的认知导航系统

三维虚拟环境为抽象知识的具象化表达提供了空间载体，通过空间拓扑关系模拟概念间的逻辑结构。学习者在虚拟场景中的移动探索行为实质是认知路径的外显化实践，空间方位感知与知识结构理解形成双向强化机制。界面设计的核心在于建立符合用户认知心理的空间语法规则，通过视觉焦点引导与交互反馈设计构建隐性的认知导航系统。复杂知识体系通过空间分层技术实现认知负荷的梯度分解，每个梯度对应特定的思维训练目标，层级递进的结构设计保障认知发展的系统性。

2. 操作行为与思维活动的耦合效应

身体感知参与认知建构的过程验证了具身认知理论，操作行为的物理反馈与思维活动的神经表征形成耦合效应。教学创新的突破点在于将二维的知识图谱重构为可交互的认知沙盘，通过路径可视化技术使思维过程获得即时反馈。需注意避免空间隐喻与概念本质的偏离，通过动态校准机制维持符号表征的准确性。这种认知映射模式使视觉传达设计教学突破平面媒介限制，在三维空间交互中实现设计思维的可视化训练与空间化提升。

（四）技术伦理：虚拟教学的人本边界思考

1. 沉浸体验的认知自主性维护

虚拟教学技术在教育领域的深入渗透促使教育工作者重新思考技术应用的人本边界，技术工具与教育本质的关系需要建立动态平衡机制。沉浸式体验在强化学习效果的同时可能造成虚实认知混淆，这要求建立技术使用强度的动态调控标准以维护学习者的认知自主性。虚拟身份系统的应用虽然增强了教学交互的临场感，但可能引发自我认知偏差，因此教学设计中必须确立真实师生互动的核心地位来保障教育的情感传递功能。

2. 个性化推荐中的思维开放性保障

个性化学习系统依赖的算法推荐容易形成认知路径依赖，需在知识推送机制中设置开放性通道以防范思维固化的风险。教育者的技术批判能力成为防控伦理风险的关键，通过构建技术应用的二次反思机制实现人机决策的有机协同。虚拟环境中学习数据的采集与使用面临隐私权与教育权的价值冲突，需要构建数据分级管理模型以实现教育价值与个体权益的共赢。技术伦理的建构应当回归以教育促进人的全面发展的根本目标，确立数字技术作为认知辅助工具的从属地位，避免工具理性对教育本体的僭越。这种伦理框架的确立为虚拟教学技术的应用划定了人文底线，确保视觉传达设计教育在技术创新中始终坚守育人本质，使技术赋能过程与人的认知发展规律保持同频共振。

（五）未来课堂：混合现实的教学形态展望

1. 混合现实构建的认知增强场域

物理空间与数字信息的深度耦合正在重塑教学环境的形态结构，混合现实技术通过虚实交互界面的有机融合构建起新型认知场域。教学工具在数字映射技术的改造下形成实体与虚拟的双重属性，操作反馈的多模态特征为设计思维的训练开辟了立体化路径。环境感知技术的突破使教学空间具备智能调节能力，通过多通道信息协同实现对认知刺激的精准适配。教学过程的线性时间序列被空间化重构，基于数字轨迹的认知回溯机制支持学习路径的弹性调整与迭代优化。教师的角色定位从知识传递者转向学习生态构建者，通过虚实交互节点的策略性布置引导学习者建立自主探究的认知网络。

2. 从空间延展到认知赋能的跃迁

技术整合带来的信息过载问题需要运用认知科学原理优化交互设计，在界面信息量与学习者认知承载力之间建立动态调节机制。这种教学形态的进化本质是教育空间的延展而非替代，通过虚实共生系统的构建将视觉传达设计教学从传统物理约束中释放，形成符合数字时代认知特征的沉浸式教育生态系统。

第二节 参数化设计工具对传统视觉语言的解构与重构及教学范式转型

一、参数化设计工具对传统视觉语言的解构与重构

（一）算法生成：参数化逻辑的教学介入方式

1. 从经验创作到逻辑训练

参数化设计工具通过数学关系与逻辑规则重构视觉元素的生成机制，促使视觉传达教学从经验型模式转向系统性思维培养。传统设计教学中依赖主观审美的创作惯性被算法生成模式打破，学生通过调节变量参数与迭代规则来训练逻辑推理能力，这种转变要求教学实践中必须建立参数设置与视觉结果之间的对应关系，将抽象的算法运行转化为可感知的视觉语言表达。算法技术并非替代设计师的创造性思维，而是在限定条件下拓展形式探索的可能性空间，工具理性与艺术感知的相互作用重塑了设计创新的认知框架。

2. 算法拓展设计的可能性空间

参数系统的高度可调节特性推动教学重心由最终效果展示转向生成过程控制，通过关键变量识别训练学生把握视觉生成的核心规律。教学过程中需平衡技术操作与美学判断的关系，借助参数调整与视觉反馈的对应分析构建认知模型。这种教学革新将设计思维训练从表层形式观察深化至系统构建层面，使视觉传达教育在数字技术的支撑下实现方法论的更新迭代，为传统视觉语言的现代转换开辟可操作的实践通道。

（二）规则可视化：设计过程的透明化呈现

1. 隐性规则的可视化路径

参数化工具将设计决策背后的隐性规则转化为可视化的逻辑图谱，使原本依

赖个体经验的设计过程转变为可追溯的认知路径。节点式界面直观展现视觉生成背后的数学逻辑，这种可视化表达有效连接了艺术创作思维与技术实现手段之间的断层。教学中参数动态调整引发的即时视觉变化，将形式演变规律转化为可观测的认知素材，促进学生深入理解设计原理的内在关联。过程透明化不仅实现了操作步骤的可视追踪，更构建起视觉形式与生成逻辑的认知联结框架，这种转变推动设计教学从技能训练升级为思维模式培养。

2. 形式与逻辑的关联框架

可视化界面作为思维外显的载体，使设计过程中的试错行为转化为可分析的认知路径，为教学评价提供客观依据。实施过程中需警惕对界面表象的过度依赖，应引导学生穿透可视化层面对底层逻辑进行深度解析。这种透明化机制重构了设计知识传递的方式，使教学关注点从最终作品评价转向思维过程优化，为创新能力培养建立可验证的认知支撑体系。

（三）非线性表达：多维变量的动态关联教学

1. 突破线性思维局限性

通过构建多维度变量的动态关联体系，参数化设计工具突破了传统视觉教学中线性思维的局限性，使视觉形式生成呈现出非序列化的创作特征。这种教学方式将孤立的视觉元素调整转化为具有系统参数的交互关系，要求学习者在动态平衡中掌握形式语言的建构逻辑。传统教学按固定步骤推导的线性模式逐渐瓦解，参数间相互作用产生的非预期性视觉结果促使教学方向从结果导向转向过程探索。

2. 参数关联网络的教学研究

多维变量的关联网络成为教学研究的核心对象，通过调节变量间的作用强度观察其形式演变规律，训练学生在复杂系统中辨识核心影响要素的能力。非线性表达特有的不可预测性要求教学评价体系进行适应性调整，将参数调控能力与动态响应机制纳入考核维度。在具体教学实践中，需开发与变量关联的实时反馈机制，将隐性的参数作用关系转化为显性的视觉变化轨迹，辅助学生建立非线性系统的认知框架。这种教学变革不仅丰富了视觉表现的可能性，更重要的是培育了学生应对数字时代复杂设计需求的系统性思维，为传统视觉语言的现代转化提供了新的方法。

（四）数据驱动：量化思维的可视化训练法

1. 信息属性与视觉参数对应

参数化工具基于建立数据特征与视觉参数的转化通道，将量化思维深度融入设计教学体系，推动创意表达从经验主导转向逻辑分析。教学过程着重构建信息属性与视觉变量间的对应关系，使抽象概念转化为可调控的形式要素，这种转换机制培养了学生将数据逻辑转化为视觉语言的能力。数据驱动设计的本质在于通过解析信息结构揭示形式生成规律，而非简单的数值图形化呈现。教学重点转向训练学生从数据特征中提炼视觉转化规则，将信息规律转化为形式建构原理，这种思维转换重塑了设计创新的认知模式。

2. 数据驱动设计创新模式

量化思维的介入促使传统审美经验与数据分析方法形成新的对话机制，在参数调节中寻求感性与理性的协调统一。教学实施需要建立数据维度与视觉层级的映射模型，通过边界参数设定探索可视化表达的创新空间。这种训练模式推动视觉传达设计超越传统形态研究，转向信息结构与视觉表达的整合创新，为数字时代的跨学科教学开拓了新的发展方向。

（五）交互生成：实时反馈的设计迭代机制

1. 动态演变过程中的教学重构

参数化工具通过创建即时互动的设计环境重构了传统视觉传达的创作流程，将静态成果输出转变为动态演变过程。当学生调整参数时，系统即刻呈现对应的视觉变化，这种实时对应关系消除了传统教学中修改与呈现的时间差。设计过程因此被转化为可视化的动态网络，每个参数变动都会触发连锁式的形态调整，促使教学从单向知识传递转向双向探索互动。在此机制下，学习者既要理解工具的操作原理，更要掌握参数关联网络的传导规律，培养对形式语言演变趋势的预判能力。

2. 参数调整与形态生成经验

即时反馈系统显著降低了设计验证成本，使学生在反复调试中积累形态生成的经验认知。教学重心由此转向对参数调整轨迹的追踪分析，通过记录变量设置与形式变化的对应图谱，帮助学生构建动态系统的思维框架。这种迭代机制突破了阶段式成果评价的局限，将能力培养融入持续交互的过程体验，形成适应数字时代快速迭代需求的教学模式。设计教育由此建立起与数字媒介特性相匹配的方法体系，使传统视觉语言的创新突破获得技术支撑。

二、参数化设计工具驱动的教学范式转型

（一）结构创新：从固定范式到参数化组合

1. 形态生成的参数化逻辑

参数化技术通过拆分传统视觉结构范式，将形态生成转化为可调控的变量组合系统，实现从预设模式到动态建构的教学转型。这种创新打破了对固定构成法则的依赖，将视觉元素的组合关系转化为可编程的数学逻辑，突破了形式创作的固有边界。通过设定变量间的关联规则，基础形态能够自动衍生多样化变体，推动教学从样式模仿转向生成规则建构。学生在此过程中需理解形态形成的底层逻辑，通过调节组合参数探索创新边界。

2. 传统法则的系统化转译

传统构成法则如比例、节奏等被重新编码为量化关系，促使设计思维从感性经验转向系统分析。教学中需搭建参数组合与视觉结构的映射模型，通过变量阈值调整引导学生发现形态转折点。这种创新机制不仅拓展了视觉表现维度，更重要的是培育了数字时代解构重组视觉语言的能力，构建经典设计原则的现代化转译路径。参数化组合将静态的视觉结构转化为可调节的弹性系统，为形式创新提供持续演化的可能空间，建立起连接传统智慧与数字技术的教学桥梁。

（二）动态适应：个性化学习的参数调节策略

1. 变量阈值与个性化路径

参数化设计工具基于构建可调节的变量系统为个性化学习提供技术支撑，使教学从标准化模式转向弹性化适应。这种动态调节机制基于学习者个体差异设置参数阈值，通过调整变量间的关联强度与取值范围生成定制化训练路径，在保证达成基础教学目标的前提下开辟个性化探索空间。教师通过设置变量来调节权

限，将传统教学中的共性要求转化为可量化的参数区间，既维护知识体系的完整性又激发学生的创造力。当学生操作特定变量时，系统自动触发关联参数的联动响应，实时反馈机制使学习进程具备自适应特性，推动学习者从被动接受转向主动探索的教学模式转型。教师通过追踪参数调整记录分析学习特征，继而优化变量关联规则，形成双向适应机制，这种策略将静态标准转化为动态系统，使教学评价从结果对比转向过程追踪。

2. 参数调节与能力追踪

参数调节与能力发展的可视化映射为个性化培养提供支撑，师生角色在教学系统中被重新定义：教师从知识传授者转变为系统架构者，学生从技法模仿者转化为参数调控者。这种角色转换有效衔接数字技术特性与教育规律，在维护视觉语言规范的同时释放创新潜能，形成了知识传承与个性发展的平衡机制，为教学创新开辟了兼顾效率与创造力的实践路径。

（三）跨维映射：二维到三维的思维转换训练

1. 平面参数的空间延展

参数化工具通过建立维度转换的数学模型突破平面设计教学的二维局限，将空间思维培养系统化融入视觉传达教育体系。平面构成要素被转化为可延展的空间参数，借助变量关联实现二维图形向三维形态的智能转换，这种跨维度映射机制打破了传统教学中的维度壁垒。学生在调整平面参数时同步观察立体形态的生成过程，确立即时反馈机制，有效训练空间想象能力，平面构成法则经重新编码成为空间建构规则的基础框架。参数系统的可逆特性支持二维与三维形态的自由切换，通过对比不同维度下的形式规律，学生得以掌握视觉语言在跨媒介传播中的转换逻辑。教学过程着重构建平面要素与空间参数的对应关系，将点线面转化为坐标参数，将色彩对比映射为材质变量，这种训练强化了跨媒介设计的思维贯通性。

2. 多媒介形态的转换逻辑

参数化工具的数据关联特性使平面设计的视觉法则直接指导三维形态生成，弥合了传统教学中维度转换的理论断层。通过持续的参数调试与形态验证，学生逐步建立多维度协同的设计认知，这种思维迁移能力为应对数字媒介的跨平台传播需求奠定了基础。跨维映射训练不仅拓展了视觉表达的维度边界，更重要的是重构了设计思维的认知框架，使平面设计教育突破载体限制，形成适应混合现实时代的复合型知识体系，在保持视觉传达本质特征的同时实现表现形式的时代进化。

（四）批判设计：参数约束下的创意突破路径

1. 技术边界内的思维实验

参数化设计工具运用算法规则建立创意活动的边界框架，将原本依赖直觉的创作过程转化为理性与感性互动的创新实验。这种技术约束并非简单限制创作自由，而是通过对变量范围的设定形成明确的探索方向，在可调控的边界内建立突破常规的思维模式。设计师在预设参数系统中进行变量调试时，技术规则与艺术直觉产生持续互动，这种动态平衡迫使创作者重新思考视觉元素之间的内在联系。传统教育强调的无限制创作被转化为在算法框架内寻求突破的思维训练，系统设定的技术规则促使学生打破固有形式认知，在参数允许的极限处寻找新的可能性。

2. 技术理性与艺术感性平衡

受控环境下的创作实践强化了问题解决的导向性思维，每个参数调整都需要同步考量技术逻辑与美学价值，这种双重评估机制培育出兼具技术理解与艺术判断的复合型创作者。教学过程中采用分阶段约束策略，初期保留较大的参数自由度以保证基础表达能力，随着学习进展逐步收紧规则限制，引导学生从遵守规则转向主动改造规则体系。技术工具在此过程中演变为思维训练装置，参数系统既作为创意产出的支撑平台，又成为思维盲区的检测工具，最终帮助学习者建立对数字时代设计本质的深刻理解。批判性设计路径重新诠释了创作自由的概念，揭示了结构化限制对创新思维的催化作用，为视觉教育找到技术理性与艺术感性之间的平衡点，构建出符合数字时代特征的教学方法论。

（五）范式转型：工具革命引发的设计认知升级

1. 从形式产出到逻辑生成

参数化工具的广泛应用推动视觉教育发生根本性认知转变，技术能力培养升华为数字思维模式的系统性建构。这种认知革命首先体现在教学重心的迁移上，从关注视觉产出的静态效果转向探究形式生成的动态规律，使教学过程转化为可视化的思维发展轨迹。数字工具革新迫使教学体系重塑知识结构，传统分离的技术教学与创意课程整合为相互支撑的认知单元，参数调整带来的即时反馈使抽象的设计理论获得具象化的理解通道。工具特性重塑了学习者的认知方式，变量关联网络的构建过程训练了学习者的系统思维能力，多参数协同调控培养了学习者动态平衡的决策意识。教学中工具操作与思维训练形成深度交融，软件界面转化为认知映射载体，每个功能模块对应特定思维方式的激活，工具内置的逻辑模型持续塑造学习者的认知结构。

2. 工具特性与认知结构相融合

更深层的转变体现在评估体系的演进上，从单纯视觉效果的评判转向生成逻辑合理性的系统考察，推动学生建立过程与结果并重的双重认知标准。这种认知跃迁消解了传统教学中技术实践与创意构思的割裂状态，使工具使用升华为思维表达方式，最终形成适应数字媒介特性的认知框架，为视觉教育在智能时代的持续发展构建思维基础。工具引发的认知升级不仅改变了技术应用层面，更重塑了整个设计教育的认知范式，使数字思维成为当代视觉传达人才的核心素养。

第三节 案例：麻省理工学院（MIT）媒体实验室的动态数据可视化教学体系

一、MIT 媒体实验室动态数据可视化教学体系解析

（一）可视化叙事：数据到故事的转化逻辑

1. 客观到主观的转化通道

动态数据可视化教学体系的核心在于建立从客观数据到主观叙事的转化通道，通过解析数据的语义特征构建具有情感传递能力的视觉语言。教学过程中首先训练学习者识别数据集群中的潜在叙事线索，将数值关系转化为可感知的时间序列，利用视觉元素的动态变化展现信息演变的内在逻辑。传统静态图表的信息传递方式被动态交互机制革新，观者通过操控时间轴或空间维度自主探索故事发

展路径，这种双向互动设计突破了单向传播的局限，使数据解读过程转化为沉浸式认知体验。视觉转译规则的制定需要平衡技术精确性与叙事感染力，通过动态过渡效果弥合离散数据点之间的断裂感，在确保信息完整性的同时赋予数据人性化特征。

2. 技术理性与人文视角相结合

教学重点在于培养跨媒介叙事思维，将色彩渐变、形态转换等动态视觉语言与数据特征建立关联，使信息传递既符合科学逻辑又具备艺术表现力。这种训练模式重塑了学习者的信息处理方式，使其超越基础图表制作层面，在数据解读中融入人文视角，培养技术理性与叙事感性相融合的视觉表达能力。动态可视化叙事的教学价值不仅在于信息呈现方式的创新，更在于构建起连接数据智能与人类情感认知的桥梁，通过时空维度的动态编排使抽象数据获得叙事生命力，为视觉传达教育开辟了兼具技术深度与人文温度的新路径。

（二）多维呈现：时空维度的信息组织方法

1. 数据关系的立体化表达

动态数据可视化教学体系突破平面化信息表达的局限，通过构建时空维度的立体坐标系实现复杂数据的全方位呈现。教学过程中着重培养学习者将抽象数据属性映射到时空维度的能力，利用运动轨迹的视觉编码展现数据关系的动态演变。时间变量的渗透性运用要求将数据变迁过程解构为连续的时间切片，通过动态过渡揭示信息变化的因果关系；空间维度的拓展训练则需借助层次、景深等视觉变量构建三维信息架构，使数据关联获得立体化表达。动态交互设计在此过程中成为关键支撑，观者通过视角转换实时探索多维数据关系，这种可调节的观察模式打破了传统信息接收的被动性。该教学体系特别强调时空耦合机制的构建，将时间流变与空间延展进行动态绑定，通过运动轨迹的视觉化呈现揭示复杂系统的运行规律。

2. 时间流变与空间延展关联

分层显示技术实现了数据呈现的精准聚焦与智能筛选，帮助观者逐步理解多维信息结构。这种训练模式重构了学习者的空间认知逻辑，使其能够将抽象数据转化为具象的时空模型，形成同时驾驭时间叙事与空间架构的复合型设计思维。

多维呈现教学的本质是通过动态时空模型建立数据世界与现实感知的认知通道，其价值不仅在于技术层面的可视化创新，更在于培养适应大数据时代的信息组织能力，为视觉传达教育确立面向未来的方法论基础。

（三）实时交互：动态图表的操作与解读训练

1. 人机界面的动态调控机制

动态数据可视化教学中的交互训练通过建立操作行为与视觉反馈的即时对应关系，培养学习者对信息系统的动态调控能力。教学过程中强调人机界面的感知协同机制，当学习者通过拖拽、缩放等动作改变参数时，视觉系统会同步呈现数据关系的演变轨迹，这种即时反馈帮助学习者理解变量间的动态关联。传统静态图表的信息呈现方式被可探索的动态过程替代，观者不再被动接收既定结论，而是通过自主操作触发数据维度的重组，在实时调整中发现潜在模式。教学体系特别注重交互延迟的阈值控制，确保操作响应速度符合人类的认知节奏，通过丝滑的视觉过渡维持思维连贯性。交互逻辑的分层设计训练要求设计者统筹技术实现与认知规律，在界面布局中体现信息优先级，通过动效速度差异区分核心数据与辅助信息。

2. 物理动作与思维延伸融合

操作实践与理论分析的并行教学使学习者既掌握动态系统的构建原理，又能预判用户操作的心理预期，形成技术理性与人文关怀的双重思维。这种训练模式的突破性在于将物理操作转化为认知延伸工具，通过手眼协同的动作循环加深对数据本质的理解。实时交互教学重构了人机协作的信息处理范式，使身体动作成为连接数字系统与认知思维的媒介，为培养适应智能时代的设计人才提供了方法论支撑。

（四）抽象与具象：复杂概念的视觉转化策略

1. 抽象思维的视觉编码

在动态可视化教学中，概念转化训练致力于构建思维过程的可视化表达系统，通过动态符号的编排将抽象理念转化为可感知的视觉流。教学首先引导学习者解构概念的核心要素，将其转化为可调控的视觉变量，利用运动轨迹的时空延展呈现思维演进的逻辑链条。转化策略的关键在于保持概念本质与视觉表现的动态平衡，通过形态渐变的节奏控制呈现思维发展的阶段性特征。教学体系注重符号系统的语义弹性设计，使视觉元素既能准确传达概念内核，又能随交互操作灵活重组。

2. 多级符号系统的语义表达

多级编码机制的应用实现了复杂概念的分层阐释，利用透明度梯度与细节缩放技术调节信息密度，使观者按认知节奏逐步深入理解。动态转化训练重塑了学习者的思维外化能力，将原本线性的逻辑推导转化为多维的视觉演绎，在时空坐标系中构建起立体化的认知框架。这种教学模式的革新价值在于突破语言文字的平面表达局限，利用动态视觉的多通道特性实现抽象理念的立体传播，为处理复杂信息提供了可视化思维工具。概念转化教学本质上是通过视觉语言的动态编排构建认知脚手架，使不可见的思维过程获得具象载体，培养出能游刃有余地驾驭抽象信息的设计思维方式。

（五）多模态融合：图文声像的协同表达教学

1. 跨媒介信息增强网络

动态数据可视化教学环节的多模态训练通过整合视觉、听觉与触觉的感知特性，构建起跨越单一感官的信息认知网络。教学过程中注重不同媒介表达优势的互补配合，将文字的逻辑推演能力、图像的形态呈现特性和声音的情感唤起功能进行有机串联，形成复合型认知增强机制。这种协同策略的核心在于建立跨媒介的信息传导规则，当视觉符号发生动态变化时，声波频率的同步调整能够增加关键信息的感知权重，触觉反馈的介入则通过物理刺激强化认知记忆点。教学体系重点把控多通道信息的传播节奏，通过时间维度的精密校准确保感官输入与认知保持同步性，避免因模态冲突导致的理解偏差。层级化表达原理的训练要求学习者掌握信息强度的动态分配法则，在可视化进程中根据内容价值调节各类媒介的输出比例，通过视觉明暗波动与声场强弱的参数联动构建多维提示系统。

2. 多通道感知立体传播

多模态教学重构了知识接收的神经认知路径，使抽象概念通过立体感知渠道渗透思维过程，形成多维度交叉印证的理解模式。这种教育模式的突破性在于打破平面化表达的认知壁垒，利用感官协同产生的认知叠加效应，为复杂信息的立体阐释开辟跨媒介通路。多模态融合的本质是创建符合认知神经机制的信息传播矩阵，通过媒介特性的系统化整合实现知识传递的具身化体验，为数字化教育构建起多维联动的认知框架基础。

二、动态数据可视化教学的创新路径

（一）认知优化：信息过载下的视觉减负设计

1. 动态适配认知负荷阈值

认知优化训练在动态可视化教学中着力于信息处理效率与认知承受能力的动态适配，通过视觉语法的重构建立可持续的认知承载体系。教学过程中首先训练识别信息密度的临界阈值，建立数据价值与视觉显隐程度的动态对应关系，运用渐进式呈现机制实现次要信息的智能衰减。减负设计的本质在于构建视觉焦点的流动性框架，通过色彩能量场的强弱波动与元素空间位移的引力引导，形成符合眼动规律的注意力迁移路径。教学体系特别强调认知负荷的实时监测与反馈调节，要求可视化系统能够根据用户交互行为自动调整信息密度，在概览模式与精读模式间建立平滑过渡通道。

2. 注意力迁移的智能调节

分层递进的可视化思维训练培养信息提炼的核心能力，通过时间序列的延展将庞杂数据转化为可序列化处理的认知单元，利用动态过渡技术实现思维焦点的自然流转。这种设计思维的革新性在于将认知压力转化为可视化系统的智能调节机制，通过人因工程学原理构建自适应的信息供给系统。认知优化教学的根本目标是重构信息交换的认知经济性，通过视觉语法的人本化设计搭建数据世界与认知能力的动态平衡桥梁，为应对信息爆炸时代的认知危机提供系统化解决方案。

（二）跨学科协作：数据可视化的学科整合路径

1. 多学科认知转换接口

跨学科整合路径在动态数据可视化教学中通过打破专业边界建立知识共生

机制，在方法论层面实现科学理性与人文感知的辩证统一。教学过程中应着力构建学科间的认知转换接口，将数学的量化分析能力、艺术的形态塑造思维与计算机的算法执行逻辑有机耦合，形成多维度的问题解决范式。这种整合机制的核心在于建立跨专业的概念转译系统，使数值化的数据结构能够转化为具有语义张力的视觉语言，同时保持不同学科的本质特征与表达规范。教学体系重点培养学科要素的联结能力，要求学习者掌握将抽象公式转化为视觉隐喻的转换技巧，在保持数学严谨性的前提下赋予数据以叙事维度。协作模式的构建遵循认知互补原则，通过建立学科要素的互动映射关系，使不同知识体系在共享的认知框架下产生协同效应。这种教育创新的价值在于重构知识生产的拓扑结构，将线性积累的学科知识转化为网络化的认知节点，利用学科交叉产生的认知势差激发创新思维。

2. 专业壁垒的弹性消解

跨学科协作的本质是构建知识生态的协同进化系统，通过智能化的学科接口设计实现专业壁垒的弹性消解，为应对复杂性挑战提供跨维度的认知工具。教学实践中通过多学科背景的项目协作，引导学习者在数据解析、视觉编码与信息传播等环节进行认知模式切换，培养学生突破学科视域局限的整合思维能力，这种训练方式将知识获取转化为跨界认知网络的编织，为数字化时代的复合型人才培养建立跨域联结的教育范式。

（三）工具思维：软件操作与底层逻辑的平衡

1. 技术表象与数理本质联结

动态可视化教学方面的工具思维培养聚焦于技术表象与数理本质的认知贯通，通过构建工具应用与算法理解的螺旋上升链路实现技术素养的深层建构。教学过程中强调工具作为认知媒介的双重属性，将界面操作流程与数据转换机制进行深度关联，使工具使用过程转化为理解计算机逻辑的认知实践。这种平衡策略的关键在于建立技术现象与数学原理的认知回路，当学习者调整可视化参数时能同步感知数据结构的逻辑关联，在交互过程中体认算法运行的数学规律。教学体系注重工具认知的层次化推进，通过分阶段训练模块引导从功能应用向原理追溯的认知跃迁，最终实现工具创新层面的思维突破。

2. 工具拆解与算法重构

思维训练遵循认知建构理论，先依托成熟工具完成可视化任务，再通过工具解构理解数据处理流程，最终导向自主构建算法框架解决特定问题。这种教育模式的革新性在于重构技术学习的认知轨迹，将工具操作转化为探索计算机本质的认知路径，在实践中形成对数据转换过程的整体性把握。工具思维培养的本质是建立技术应用的元认知框架，通过工具拆解与重构的过程培育学习者对数字化本质的洞察能力，使学习者既能熟练运用工具又能超越工具进行创造性思考。教学实践中通过“工具解析”与“算法重构”的交替训练，在应用实践与原理探索间搭建认知桥梁，这种双向渗透的教育路径为数字时代的技术素养培养提供了知行融合的实践哲学。

（四）动态评估：可视化成果的迭代反馈机制

1. 作品演进与认知成长映射

动态数据可视化教学期间，评估体系突破传统终结性评价的局限，通过建立作品演进与认知成长的交互反馈通道形成持续改进的教学优化机制。教学过程中着重捕捉可视化创作的过程价值，将技术实现的完整度、信息传递的准确度与思维转化的深度作为动态观测维度，构建覆盖全教学周期的立体评估框架。评估机制的核心在于揭示作品修改与认知升级的对应关系，当学生优化数据编码方案时同步映射其思维结构的调整路径，在参数调整过程中识别认知跃迁的临界点。反馈系统的构建强调技术指导与思维引导的协同转化，通过设计多级评估参数将作品改进建议转化为认知发展的路线图，使技术调试与思维突破形成双向促进效应。

2. 教与学的共振诊断系统

动态评估的运作机理遵循认知发展的非线性规律，推动学习者在“实践—反馈—修正”的循环中不断深化对数据本质的认知，每个迭代周期都推动学习者理解维度向更高层级递进。这种评估模式的突破性在于重构了教学监测的范式结构，将单向成果评判转变为教与学的共振系统，借助可视化作品的动态演变逆向诊断教学策略的实践效能。动态评估的深层逻辑是构建教与学的共生发展体系，通过智能化的过程追踪技术捕捉认知演进的微观轨迹，为个性化教学干预提供精确的决策支持。教学实践中嵌入实时反馈分析工具，使学生在修改作品时即时获得认知短板的预警提示，这种同步反馈机制将学习过程转化为自我认知系统的动态调适行为，为数字化教育评价体系确立了过程本位的演进模型。

（五）场景重构：数据驱动的教学空间设计实践

1. 智能教学生态系统构建

环境构建在动态可视化教学中突破实体空间与虚拟空间的割裂状态，通过数据融合与行为建模创建虚实共生的智能教学生态系统。教学过程中强调物理环境与认知行为的动态协调，将硬件配置的功能特性、软件系统的运算能力与学习者的感知模式进行三维整合，形成支持多元交互的智能教学场域。空间重构的关键在于建立环境属性与教学需求的弹性匹配机制，根据教学内容的转换自动调节空间的视觉密度、信息流量与交互层级，使物理环境成为认知过程的延伸载体。教学系统重点开发空间要素的数字化映射技术，通过采集师生行为数据生成空间优化模型，使设备布局、显示系统与数据流向形成认知效能最优的拓扑关系。

2. 空间要素的认知赋能升级

场景重构的运作基础源于认知科学原理，在空间开放性、信息可达性与环境舒适性等层面建立量化设计标准，通过动态数据分析持续提升教学空间的认知支持能力。这种空间设计的创新价值在于将固定教学场所转化为具有环境智能的认知容器，通过要素的自适应调节主动匹配不同教学阶段的需求变化。场景重构的实质是构建人机环境协同进化的教育生态，借助空间智能体的持续学习实现教学环境与认知活动的共同演进，为数字化时代的教学空间转型提供数据驱动的实践路径。教学实践中配置环境感知与自主调节系统，使空间格局随教学进程智能重组，这种动态化的场景构建将物理空间转化为可视化认知的赋能平台，为未来教育环境创新确立了可持续发展的技术框架。

第二章 跨学科融合的知识图谱构建

Chapter 2

第一节 设计与计算机科学：生成式 AI 在创意流程中的角色

一、生成式 AI 驱动的设计创意流程重构

（一）智能辅助：AI 作为创意激发的协同工具

1. AI 作为创意伙伴的认知重组

视觉传达设计领域的智能工具应用正突破传统单向辅助模式，在人机交互层面构建起双向的创意激发机制。教学实践中人工智能的角色从执行工具转向思维伙伴，算法系统通过解构设计问题的逻辑框架与人类直觉思维形成互补，这种协同关系本质上是对创意生成过程的认知重组。当设计师输入非结构化概念时，智能系统能够解析潜在逻辑关系并生成可视化方案原型，这一过程实质上是将抽象思维转化为具象表达的认知转译行为。教学体系通过设计可调节的人机交互界面，既保持算法输出的多样性，又不失创意主导性，在技术工具与艺术表达之间建立起动态平衡。

2. 技术工具与艺术表达的动态平衡

智能辅助的运作遵循创意认知的阶段性特征，在初始概念阶段提供发散性方案予以启发，在深化阶段则转化为逻辑验证工具，形成螺旋上升的创意演进路径。这种协作模式的革新价值在于重构了人机关系的内在逻辑，将技术工具从被

动执行者转变为主动参与者，通过算法反馈突破人类思维惯性形成的认知边界。教学实践中智能系统的介入并非要替代创意主体，而是通过建立思维映射机制拓展设计可能性空间，在保持人文价值判断的前提下，将机器运算能力转化为创意深化的催化剂。这种协同范式重新定义了数字时代的设计教育理念，使技术素养培养与艺术思维训练在互动过程中实现有机统一，为创意人才培养提供了人机共生的教学新路径。

（二）逻辑重构：算法思维对设计流程的标准化改造

1. 设计流程的系统化重构

生成式 AI 技术推动的设计流程变革正重塑传统经验主导的创作模式，通过建立算法框架实现创意生产的系统化与可迭代性。教学改革中计算思维的引入不是简单的方法替代，而是在保留艺术思维特质的基础上构建结构化的工作范式，将设计问题的模糊性转化为可操作的参数体系。这一重构过程的关键在于显性化设计决策的内在逻辑，通过算法模型将主观审美判断转化为可验证的技术路径，使创作过程兼具艺术自由度与工程可控性。教学体系在概念发散阶段维持传统创意方法的开放性，在方案深化阶段则引入算法验证机制，形成弹性化的流程控制模型。

2. 艺术思维与技术理性的平衡

标准化改造的深层逻辑源于设计认知的双重属性需求，既要保持创意的独特性，又要实现方法论的可持续演进，通过参数化模型在个性表达与系统优化之间建立动态平衡。这种流程重构的突破性在于打破了艺术创作与工业化生产之间的传统对立，将即兴创作行为转化为可管理、可演进的技术流程，同时保留必要的感性表达空间。教学实践中算法系统的介入实质上构建了设计思维的进化机制，通过持续的技术反馈校准创作路径，在艺术直觉与技术理性之间形成了具有张力的平衡点。这种双重能力的培养模式为数字时代设计师确立了新的能力标准，使技术工具的应用成为深化艺术表达的重要手段，而非限制创意自由的桎梏。

（三）边界拓展：生成式工具在概念探索中的赋能机制

1. 算法驱动的概念发散机制

生成式技术正在重塑视觉传达设计的创意发生机制，其核心突破在于打破传统概念探索的认知边界。传统设计流程往往受限于人类经验的有限性，而算法工具通过构建多维解空间开辟了新的思维路径，这种技术介入本质上改变了创意生产的空间维度。在教学实践中，参数化设置的引入使得概念发散不再局限于物理操作层面，算法系统通过解构设计问题的逻辑框架，能够将抽象思维转化为可视化方案的连续谱系。当设计师输入基础创意方向时，生成工具通过概率模型推演出超越预设的备选方案，这种技术特性实质上架设了从确定性思维向可能性思维过渡的认知桥梁。教学体系通过建立动态调节机制，既保持核心创意的方向性又允许算法自由探索，在可控性与开放性之间形成张力平衡。

2. 确定性思维向可能性思维的过渡

生成式工具的运作机理符合创意进化的自然规律，通过建立“概念输入—算法迭代—人工筛选”的循环链条，使设计思维在技术辅助下实现持续升级。这种模式创新不仅重构了创意生产的时间维度，更重要的是建立了跨项目延续的认知记忆系统，使灵感积累突破单次创作的局限。技术赋能的深层意义在于构建开放的设计认知体系，在人类价值判断主导的前提下，将机器的无限可能性转化为创意深化的驱动力。教学实践中通过参数调节训练，培养学生将随机生成资源转化为可控资源的能力，这种技能迁移本质上是对设计思维的重构。教育转型的关键在于重新定位技术工具的角色，使其从执行终端转变为认知延伸的介质，在数字时代确立人机协同的创意教育新范式。

（四）人机协作：设计师角色从执行者到决策者的转型

1. 设计师核心职能的认知升级

生成式技术的深度应用正推动设计专业学习者的能力结构转型，设计师的核心职能从技术执行向战略决策维度迁移。教学改革的关键在于重构人机协作范式，通过合理分工释放人类创造力，将重复性操作交由算法系统处理，使设计师专注于价值判断与创意决策等高阶认知活动。这种角色转型反映了设计工作本质的认知升级，在技术承担基础执行功能的同时，人类设计师的核心竞争力转向文化解读与审美判断。教学体系构建分阶段的协作模型，初期利用算法的高效产出拓展可能性空间，后期强化人工的价值筛选与优化能力，形成螺旋上升的决策机制。

2. 技术素养与人文素养的平衡

能力培养框架的重构重点在于平衡技术素养与人文素养，从单一技能训练转向决策逻辑构建与算法驾驭能力的复合培养。这种转变源于数字时代的设计认知需求，当技术解决执行效率问题后，人类设计师的独特价值体现在对文化语境的深度理解与价值取向的精准把握上。教学实践中通过模拟真实协作场景，训练学生在海量生成方案中识别价值方向的能力，这种决策能力的培养本质上是对设计思维的提纯与升华。协作范式的革新性在于打破传统线性流程，构建决策层与执行层双向互动的动态系统，使技术工具成为创意能力的有机延伸。这种教育转型不仅重新定义了职业能力标准，更重要的是确立了技术时代艺术教育的价值坐标，在坚守人文内核的同时实现了技术工具的创造性转化。

（五）伦理维度：技术介入下的原创性界定与保护

1. 人机协作的贡献度划分

生成式技术对视觉传达设计领域的渗透正在重塑创作活动的伦理基础，传统意义上以人类智慧为主导的原创性概念面临结构性挑战。当算法系统介入创意生成环节时，作品的知识产权归属问题由单一主体向复合主体转变，这种转变倒逼教学体系重构伦理认知框架。原创性判定标准的核心矛盾集中在人机协作的贡献度划分上，需要建立可量化的评估体系来识别人类创意输入与算法运算转化的具体权重。技术介入打破了创作过程的线性逻辑，形成由创意输入、算法转化、人工修正构成的循环系统，这种三元结构使得原创性呈现光谱式分布特征而非二元判定。教学实践中需要开发动态评估工具，在确保人类创作者核心地位的前提下，对算法参与程度进行可视化标注与追踪。

2. 技术伦理与版权保护的辩证关系

原创性保护的突破口在于构建全流程溯源机制，通过技术手段记录创意决策节点，为版权认定提供可验证的证据链条。伦理教育的重点从技能训练转向价值观培养，通过模拟算法生成场景训练学生辨识创作主体性的能力，这种能力迁移要求教学方案深度融入技术伦理的辩证思考。技术伦理困境的本质是机器生产力与人类创造力的属性差异，解决路径需要建立梯度化保护体系，区分自主算法生成与人机协作产出的权力边界。教学创新的终极目标在于培养具有技术伦理意识的设计师，使其在工具效率与人文价值之间建立动态平衡，这种平衡能力将成为数字时代创意人才的核心素养。

二、AI 驱动的设计教学范式升级

（一）动态优化：AI反馈驱动的设计迭代模式

1. 设计流程的闭环进化机制

生成式技术的实时交互特性正在重构设计迭代的底层逻辑，将传统离散的创作阶段转化为持续演进的动态过程。教学实践中 AI 系统的介入改变了工作流程的时间维度，通过构建生成、评估、优化的闭环进化机制，使设计改进突破人工调试的生理限制。这种模式创新的本质在于将经验主导的试错过程转化为数据驱动的精准调校，算法通过模式识别能力自动捕捉设计方案中的优化空间。迭代系统的核心在于建立人机协同的增强学习框架，设计师负责设定价值目标，算法提供优化路径建议，二者交互形成螺旋上升的认知进化轨迹。教学体系需要构建多维度的量化评价指标，将主观审美判断转化为算法可识别的参数体系，实现技术反馈与人工决策的互补增强。

2. 从阶段固化到持续迭代认知

动态优化的突破性在于重新定义了设计过程的时间属性，将阶段性成果的固化认知转化为持续进化的过程哲学，这要求设计师具备动态的价值评估能力。技术驱动的优化机制面临自动化与可控性的内在张力，需要通过设置人工干预节点防止算法过度优化导致的创意同质化，这种控制策略的本质是维持技术效率与人文价值的微妙平衡。教学重点转向培养学生解析算法反馈与实施策略调整的综合能力，这种能力组合标志着设计教育从结果导向到过程控制的范式转型。迭代模式的深层价值在于重新诠释创作活动的本质，将设计理解为永续进化的认知系统，为数字时代的创意方法论奠定新的理论基础。

（二）认知补偿：算法偏见与设计主观性的平衡策略

1. 技术效率与人文多样性的制衡

生成式技术在视觉传达设计教育中的深度应用，使得原本隐性的算法偏见问题逐渐显性化，这种技术特性与人类设计师的主观判断之间形成的张力，成为教学改革必须应对的核心挑战。算法偏见的形成机制根植于机器学习的底层逻辑，当生成工具通过有限的历史数据建立创作范式时，可能将特定时期的审美标准固化为技术规训，这种标准化倾向与设计教育强调的创造性思维产生结构性冲突。教学实践中需要构建具有自我修正能力的双重校验系统，在保持算法工具效率优势的同时，通过人工干预的灵活性维护设计方案的多样性，这种平衡机制本质上是对技术认知局限的主动补偿。认知补偿的实现路径需要双向调节系统的支撑，既要求设计师具备解析算法运行规律的技术素养，也需要技术系统提供可解释的决策依据，二者协同形成抵抗偏见的认知屏障。教学体系通过逆向工程训练方法，引导学生解剖生成结果的潜在逻辑链条，将技术工具从单纯的生产设备转化为培养批判思维的教具。

2. 算法推荐中的隐性价值解构

设计主观性在技术环境中的价值重构体现为从个体表达向系统制衡的功能转变，这种角色进化要求教学方案强化价值判断能力的培养，使学生能够识别算法推荐背后的隐性价值取向。平衡策略的具体实施需要建立动态的决策权重模型，根据不同设计阶段的核心诉求调整人机协作的参与深度，在创意萌芽期保留人类主导的想象空间，在方案深化期发挥算法的精准计算能力。教学改革的深层价值在于重构人机协作的教育范式，将技术工具的局限性转化为训练设计思维的实践场域，使算法偏见的存在成为激发学生反思意识的现实教材。这种教育理念的转型不仅能提升技术工具的应用效能，更重要的是在数字化进程中守护设计教育的人文内核，在技术理性与艺术感性之间建立可持续的对话机制。

（三）工具进化：从自动化到自主化的技术演进路径

1. 算法系统的环境感知能力升级

生成式技术的迭代发展正在重新定义设计工具的属性边界，从机械执行指令的自动化工具向具备自主决策能力的智能系统演进，这种能力层级的突破对视觉传达教育产生范式性影响。自动化阶段的技术本质是预设规则的线性实施，工具作为人类手臂的延伸用于完成确定性任务，而自主化阶段的革命性在于算法系统获得环境感知与策略调整的能力，能够根据设计目标的动态变化自主优化创作路径。教学体系需要同步进化工具认知框架，将教育重心从熟悉操作界面转向培养协同思维，着重训练学生驾驭智能系统的控制能力。技术自主性的提升重构了人机协作的权力关系，当算法开始具备创意提案能力时，设计师的核心职能转向价值评估与策略选择，这种角色转换要求教学方案着重培育决策智慧与系统掌控力。工具进化的内在悖论表现为效率提升与风险加剧的共生关系，系统的自主程度越高，越需要建立精细化的制衡机制，教学实践中通过设置创意决策的关键锚点，确保人类始终掌控设计航向的主导权。自主化技术的教育价值不仅超越效率提升的表层意义，更在于拓展设计思维的认知维度，算法系统通过非线性的探索路径能够突破人类经验构建的思维定式。

2. 从操作执行到系统掌控的角色蜕变

教学创新的核心挑战在于平衡技术自主性与教育可控性的辩证关系，通过构建渐进式能力培养体系，帮助学生完成从操作工到系统指挥者的角色蜕变。这种进化路径的深层变革在于重新诠释设计工具的本质属性，从被动响应指令的执行终端转变为具有认知能力的创意伙伴，这种转变倒逼教育者重新构思技术素养的培养标准。技术演进的教育应对策略需要建立前瞻性的能力图谱，在充分发挥自主化工具效能的同时，巩固人类设计师的价值判断主体地位，这种动态平衡能力的培育将成为未来设计教育的核心竞争力。

（四）跨模态转换：语言－视觉的智能转化机制

1. 文本描述与视觉生成的认知闭环

生成式技术的语言 - 视觉转化能力正在重塑视觉传达设计的创意生产范式，通过构建可运算的认知通道将文字概念与视觉表达融为有机整体，这种智能转换机制为设计教育开拓了新的思维训练维度。语言输入作为创意的初始形态，借助神经网络的多层次语义解析转化为视觉形式，其转化过程实质上是抽象符号在潜在空间中的非线性映射，这种突破线性思维的技术特性正在拓展设计师的想象边界。教学实践中需要把握该机制的双向交互本质，既要教授如何通过精确的文本描述引导图像生成，更要训练通过视觉反馈逆向优化语言表达的闭环思维，这种双向认知能力的形成标志着设计思维训练的系统升级。智能转换过程中的核心张力源于语言开放性与视觉具象化的矛盾统一，文本描述的留白空间为创意提供生长土壤，而图像输出的确定性则形成具象约束，教学需通过渐进式训练帮助学生掌握这种动态平衡的艺术。教育价值的突破性体现在打通语言与视觉的认知闭环，使两种思维模式在交互中产生协同效应，这种认知升级要求重构设计基础课程的教学逻辑。

2. 语言留白与视觉约束的动态平衡

技术实现中的控制维度体现在语义锚点的精准设定上，教学需要培养通过关键描述词引导视觉走向的能力，这种从被动接受到主动驾驭的转变是设计教育现代化的重要里程碑。跨模态转换的深层意义在于培育元设计思维，使学习者能够洞察语言与视觉的转化规律并建立个性化创作策略，这种能力的养成推动教育重心从技法训练转向认知架构。技术进化倒逼视觉素养内涵的重构，传统审美判断需要与算法解析能力融合形成新型认知体系，这种转变要求教学方案同步更新评价标准。教育创新的关键突破在于构建跨模态思维培养系统，通过语言表达的精准训练与视觉解码的系统学习，培养能够驾驭智能工具的设计人才，这种复合能力的塑造将定义未来设计教育的核心竞争力。

（五）未来教育：AI素养作为设计基础能力的培养

1. 技术认知、协同策略与价值判断的复合培养

生成式技术的深度应用正在重构设计基础能力的认知图谱，AI 素养从技术辅助能力升级为核心专业素养，这种能力框架的重塑标志着设计教育进入人机共生的新阶段。AI 素养的培养需突破对工具操作的认知局限，建立技术理解、协同策略、价值判断的三维能力模型，这种教育转型要求重构课程体系的底层逻辑。技术认知的培养重在解析生成系统的运行机制，从数据训练到模式学习的完整链条，可助力构建系统化认知图景，这种深度理解是抵御技术异化的“认知疫苗”。协同策略的训练核心在于建立动态的人机分工模型，根据设计阶段特性灵活调整智能参与度，这种能力需要经历从技术依赖到策略主导的认知跃迁。批判思维的培养要求穿透技术表象洞察价值取向，通过逆向解构生成结果中的隐性偏好建立人文防线，这种能力的培养将设计教育提升到技术哲学的高度。教学体系的革新体现在从知识灌输向能力孵化的范式转换上，传统造型课程需要融入智能生成单元，使技术工具成为拓展创意思维的催化剂而非替代品。

2. 从工具依赖到人机共生的思维升级

能力培养的梯度设计遵循认知发展规律，从技术原理认知到协同策略应用，最终升华为伦理价值判断，这种层级递进结构确保AI素养的有机生长。教育评价体系的升级需要构建三维评估指标：技术理解度、策略有效度、价值敏锐度，这种复合标准引导教学突破工具理性局限。未来教育的终极目标是培养具有技术驾驭力的创意主体，要求其既能释放智能工具的创造潜能，又能坚守人类设计师的价值主导，这种平衡能力决定设计教育在智能时代的存续价值。教师角色的转型成为关键突破点，从知识传授者进化为技术认知架构师，通过重构教学场景培育人机共生的新型思维模式，这种教育变革正在开辟视觉传达专业发展的新路径。

第二节 设计与认知心理学：神经美学对视觉评估的启示

一、神经美学驱动的视觉评估体系重构

（一）感知机制：视觉注意的神经生物学基础

1. 从视网膜到认知决策的神经链条

视觉传达设计的认知基础正在经历神经科学视角的革新，人脑处理视觉信息的生物学机制为设计教育提供了全新认知框架。视觉系统从视网膜接收光信号开始，经过外侧膝状体的信息分流形成并行处理通道，这种先天神经结构决定了人类注意力的选择性特征，为界面设计的视觉层级构建奠定生理基础。视觉皮层的信息处理遵循逐级抽象原则，从初级皮层的边缘检测到高级皮层的模式识别，这种层级加工机制解释了复杂视觉信息的认知规律。顶叶与额叶的协同工作机制揭示了注意资源分配的动态特性，前额叶皮层通过调节注意力聚焦深度影响视觉信息的加工效率，这一发现为信息可视化设计中的视觉动线规划提供了科学依据。运动敏感脑区对动态刺激的特异性响应暗示了动画设计的认知优势，纹状皮层对位移信息的快速捕捉能力为动态视觉传达提供了神经学解释。镜像神经元系统的

激活现象建立了设计情感传达的生物学桥梁，特定视觉形式引发的神经共振效应成为评估情感化设计效度的客观指标。视觉工作记忆的容量限制反映了认知资源的有限性，这一神经约束为界面设计的信息密度控制提供了量化标准。神经可塑性研究证实了视觉训练对感知系统的重塑能力，长期设计实践可增强特定脑区的功能连接强度，这为视觉敏感度的培养提供了生理学依据。

2. 多感官对视觉皮层的调制效应

多感官整合的神经机制突破了单一视觉通道的认知局限，听觉与触觉刺激对视觉皮层的调制效应为跨模态设计开辟了新维度。神经反馈技术的应用使设计评估进入生物测量时代，通过实时监测脑电信号波动可客观量化视觉注意的分布特征，这种技术融合正在推动设计教育从经验导向向科学化评估转型。上述神经生物学原理的系统整合正在重构视觉传达设计的教学范式，将传统的经验法则升级为神经认知模型支撑的理论体系。

（二）审美映射：脑区激活与形式美法则的关联性

1. 前额叶与纹状体的神经奖励回路

形式美法则的认知基础在神经美学研究中获得生物学验证，大脑特定区域的激活模式与经典设计原则呈现出显著相关性。前额叶与纹状体的协同激活解释了黄金比例引发的审美愉悦，这种神经奖励回路的响应强度与形式秩序的认知加工深度直接相关，为比例系统的教学提供了科学阐释。眶额叶皮层对对称形式的强烈响应揭示了平衡法则的神经基础，其激活程度与审美判断的确定性呈正相关关系，这一发现为构图训练建立了生物认知参照。梭状回面孔区对拟人化图形的特异性响应验证了情感化设计的神经优势，该区域的激活强度可作为评估拟态设计效果的生物学指标。默认模式网络在审美体验中的活跃状态揭示了完形法则的认知机制，大脑对不完整信息的自发补全倾向为留白设计提供了神经学解释。边缘系统对对比刺激的强烈响应揭示了情感唤醒的生物学路径，杏仁核与伏隔核的协同激活程度与视觉冲击力的感知强度密切相关。

2. 眶额叶皮层的审美确定性编码

视觉皮层 V4 区对色彩协调的特异性响应建立了配色原理的神经指标，该区域的激活模式差异为色彩方案的和谐度评估提供了客观标准。顶叶皮层对空间关系的精密编码能力解释了构图平衡的感知基础，其神经表征精度与视觉稳定感的体验强度存在直接关联。多巴胺能系统对新颖性刺激的响应机制揭示了创意设计的认知价值，预期违背引发的神经递质释放为创新评估提供了生物化学依据。这些神经相关机制正在推动形式美法则的教学转型，将传统经验归纳的设计原则转化为可验证的认知科学模型，为建立客观化设计评估体系奠定了理论基础。

（三）情感计算：生理信号驱动的体验量化方法

1. 多源生理信号整合评估

视觉传达设计领域正经历着评估方法的根本性变革，生物测量技术的进步使得设计效果的量化分析成为可能，这种转变源于对人体生理反应与心理体验关联性的深入探索。人体自主神经系统在接收视觉刺激时产生的电生理变化具有可观测的规律性，皮肤表面的导电率波动能够间接反映情感唤醒的强度差异，这种基于生物指标的测量方式有效规避了传统主观评价的个体偏差问题。心脏活动的电信号特征分析为审美体验的量化提供了新视角，研究发现心跳节律的变异程度与视觉愉悦感存在内在联系，这种生理指标的发现为界面设计的情绪传达效率评估开辟了客观化的技术路径。眼球运动轨迹与瞳孔直径的无意识变化蕴含着丰富的认知信息，当视觉系统处理复杂信息时，瞳孔的缩放频率会同步改变，这种生理现象为信息可视化设计的认知负荷控制提供了实时监测手段。大脑皮层电活动的特定频率波段与注意力状态密切相关，通过捕捉 α 波与 θ 波的功率比值变化，可以精确评估视觉焦点引导的效果优劣，这种基于神经信号的评估方法突破了传统观察法的局限性。新型光学成像技术能够无创监测大脑前额叶的血氧浓度波动，这种生理参数的动态变化直观反映了认知过程的流畅程度，为设计方案的优化提供了直接的生物反馈依据。多源生理信号的交叉验证机制显著提升了评估结果的可靠性，将皮肤电反应、心率变异性和脑电特征进行协同分析，可以构建多维度的情感体验量化模型，这种综合评估模式有效克服了单一指标的片面性缺陷。

2. 生物反馈机制的教学应用

生理测量技术的整合应用正在推动设计教育评价体系的范式转换，从依赖经验判断的主观评价转向基于生物数据的客观分析，这种转变对教学内容的更新提出了新的要求。建立设计要素与生理反应的关联模型是技术应用的关键环节，通过分析色彩明度梯度与皮肤电导变化的对应关系，能够预测特定配色方案的情感冲击效果，这种量化分析方法为设计决策提供了科学支撑。动态视觉元素的呈现时长与瞳孔调节速率的关联研究揭示了时间维度对认知加工的影响规律，这种发现为动画设计的节奏控制提供了生理学层面的优化依据。在教育实践中引入生物反馈机制形成了设计优化的闭环系统，学生通过实时观察生理数据变化来调整设计方案，这种训练方式有效提升了其对隐性用户体验的洞察能力。技术应用需要警惕过度依赖生物指标的潜在风险，文化背景差异可能对生理反应的解读产生系统性偏差，这种认知提醒我们必须在技术应用中保持批判性思维。生物测量技术的普及正在重塑设计行业的评估标准体系，要求教育机构培养既懂得解读生理数据又具备设计创新能力的新型人才，这种复合型能力结构将成为未来专业教育的培养重点。当前的技术发展已经能够实现从经验判断到科学诊断的跨越，但如何将生物数据转化为设计语言仍是教学实践中需要突破的关键环节，这需要建立跨学科的知识融合机制。

3. 量化模型与主观体验的辩证关系

生物指标的客观性并不等同于审美判断的绝对正确，技术工具的应用必须与设计理论相结合，这种辩证关系要求教育者在教学中建立多维度的评价体系。随着可穿戴设备的普及和测量技术的微型化，生理信号的采集正朝着便捷化方向发展，这种技术进步为设计教育的实践教学提供了更多可能性。教育体系需要及时更新实验设备并开发配套课程模块，使学生能够掌握生物测量工具的操作技能与数据分析方法，这种能力培养是技术转化的重要基础。生理量化方法的引入不仅改变了评价方式，更深层次地影响着设计思维模式的演进，促使设计实践从直觉驱动转向数据支持的理性决策，这种思维转型是设计教育现代化的重要标志。技术应用的伦理边界问题日益凸显，如何在尊重用户隐私的前提下合理使用生物数据，成为教学设计中必须探讨的重要课题，这种责任意识的培养是专业伦理教育的重要组成部分。

（四）无意识设计：潜意识认知在信息传达中的应用

1. 前注意加工与信息优化策略

视觉认知机制的研究进展揭示了潜意识加工在设计传达中的重要作用，这种发现促使设计教育突破传统意识主导的教学框架。人类视觉系统在注意指向前的瞬间已完成基础特征提取，这种前注意加工机制解释了环境标识快速识别的生物基础，为公共空间的信息设计提供了优化方向。视觉模式的重复暴露会形成内隐记忆痕迹，这种无意识学习特性解释了品牌标识的认知积累效应，为视觉锤策略的应用提供了科学依据。大脑对整体结构的优先处理倾向源于进化形成的认知优化机制，这种完形感知特性指导设计师采用符合直觉的组织形式来提升信息传达效率。阈下刺激对后续认知的调制作用揭示了信息关联的隐性通道，系列化设计中的视觉延续性可以通过启动效应得到强化，这种原理拓展了视觉叙事的表现维度。认知流畅性的神经基础研究表明，视觉复杂度与处理速度存在动态平衡关系，这种发现为平衡美学追求与功能需求提供了理论参照。注意机制的自组织特性决定了视觉元素的捕获优先级，通过模拟早期视觉通路的特征检测规律可以优化界面布局的视觉层级结构。情绪反应的潜意识通路证实了阈下视觉刺激的有效性，某些未达意识层面的图形元素仍能激活情感中枢，这种发现丰富了情感化设计的表现手法。

2. 内隐记忆与品牌认知积累

前额叶资源的无意识消耗现象提示了冗余信息的认知代价，简约设计原则的合理性在此得到神经科学的验证，为界面设计的元素取舍提供了科学依据。神经适应现象的存在要求视觉系统保持适度的刺激更新，这种生物特性指导着动态视觉传达系统的迭代周期设定，避免用户产生感知疲劳。潜意识认知原理的系统整合正在重构设计教学的知识体系，将内隐加工规律纳入教学内容，培养了学生处理隐性认知问题的综合能力。文化原型的集体无意识积淀影响着视觉符号的解读深度，跨文化设计教学需要加强对这种深层认知机制的解析，提升学生的文化适应能力。教育实践中需要建立伦理审查意识，警惕潜意识技术的滥用风险，这种责任教育是设计专业现代化的重要组成部分。潜意识机制的运用需要平衡认知规律与个体差异，标准化设计方案可能忽视神经特征的多样性，这种认知提醒我们保持设计策略的灵活性。教学创新面临技术转化的现实挑战，如何将抽象的神经科学原理转化为具体的设计准则，需要开发有针对性的教学工具与方法。潜意识认知研究推动了设计评估标准的革新，传统的美学标准需要与认知效率指标相结合，这种多维评价体系的建立是教学改革的重要方向。

3. 潜意识技术的伦理边界

直觉设计能力的培养需要建立意识与潜意识的协同训练机制，通过刻意练习强化内隐知识向显性技能的转化，这种训练模式提升了学生的综合设计素养。环境线索的无意识影响机制为沉浸式设计提供了理论支持，空间布局中的隐性引导要素可以提升用户体验的流畅性，这种手法的应用拓展了视觉传达的表现维度。设计教育需要关注技术发展带来的认知环境变化，数字媒介的无意识影响机制与传统载体存在显著差异，这种认知更新是保持教学先进性的必要条件。潜意识原理的应用边界需要结合具体文化语境进行动态调整，全球化和本土化的张力对教学设计提出了新的要求，这种对复杂性处理能力的培养是专业教育的重要目标。教学体系的完善需要建立跨学科的知识整合平台，神经科学、心理学与设计学的深度交融正在催生新的教学方法论，这种创新是教育发展的必然趋势。

（五）认知负荷：视觉复杂度的神经效率评估

1. 复杂度与认知资源的平衡点

视觉传达设计领域正面临着信息处理效率的深层变革，认知神经科学的研究方法为理解视觉复杂度与大脑资源消耗的关系提供了新的视角。人脑处理视觉信息的能力存在固有的生物限制，这种限制源于工作记忆系统的容量边界，当视觉元素过于复杂时，不同脑区之间的协同效率会显著降低，这种现象为界面设计的简洁性原则提供了神经科学层面的支撑依据。大脑在处理形状识别与色彩分析时会激活不同的功能区域，这些区域的资源分配机制揭示了多元素叠加导致认知负荷增加的根本原因，这种发现指导设计师在信息呈现时需要注意要素间的协调关系。神经网络在任务处理时的状态转换效率与视觉复杂度呈负相关，复杂的视觉刺激会干扰大脑在专注模式与默认模式间的灵活切换，这种神经机制为评估信息可视化设计的认知流畅性提供了生物学依据。瞳孔直径的无意识变化与认知努力程度存在直接关联，通过监测这种生理指标的变化趋势，可以实时评估不同设计方案对神经资源的消耗程度，为设计优化提供即时反馈。脑电波特定频率段的功率变化反映了工作记忆的负荷状态，这种生物电特征为动态视觉设计的节奏控制提供了量化参照，帮助设计者平衡信息密度与认知舒适度。

2. 神经效率理论的教学转化

神经效率理论的核心在于寻找资源投入与任务难度的最佳平衡点，这种理论框架解释了视觉复杂度与认知效果之间的非线性关系，为建立科学的评估模型奠定了基础。大脑能量代谢研究显示认知任务的难度与葡萄糖消耗呈现特定规律，这种生物能量学的发现为衡量设计方案的神经经济性提供了新维度。视觉信息的瞬时处理能力受时间因素制约，过快的元素更替会导致关键信息的遗漏，这种神经机制为动态界面设计中的时间参数设定提供了理论指导。工作记忆的容量限制理论推动产生了信息分块的设计策略，通过结构化呈现降低同时处理的信息量，这种方法的有效性在神经科学研究中得到验证。长期视觉训练引发的神经可塑性变化表明，渐进式复杂度提升可以优化特定脑区的处理效率，这种发现为设计教育的阶段性教学提供了生理学依据。教学实践中需要平衡认知效率与审美表达的双重需求，过度简化可能削弱设计的情感传达力，这种矛盾要求建立兼顾神经科学与美学原则的复合评估体系。神经工效学原理的引入正在改变传统设计教育的评价模式，使其从主观经验判断转向基于生物指标的客观分析，这种转型要求课程体系增加脑科学基础知识的教学内容。教育者需要培养学生解读神经数据的能力，同时使其保持对设计本质的深刻理解，这种复合型人才的培养目标反映了当代设计教育的发展方向。

3. 技术应用与人文关怀的辩证关系

技术应用过程中需警惕生物决定论的潜在风险，对认知负荷的评估不应成为限制设计创新的枷锁，这种辩证思维是教学实践中需要强调的关键点。随着可穿戴神经监测设备的普及，实时获取认知负荷数据变得更为便捷，这种技术进步为设计实践的迭代优化创造了新的可能性。教育机构需要更新实验设备并开发配套课程，使学生掌握将神经数据转化为设计决策的实际技能，这种能力培养是连接理论研究与实践应用的重要桥梁。认知负荷理论的深入应用正在重塑设计思维模式，推动设计从直觉驱动到数据支持的转型，这种思维进化标志着设计学科的科学化进程。伦理考量始终伴随技术发展，如何在尊重认知规律的同时保持设计的人文关怀，成为教学过程中需要持续探讨的核心命题。

二、神经美学驱动的教学创新实践

（一）个性化适配：脑神经特征与设计方案的匹配策略

1. 神经指纹与视觉偏好预测

视觉传达设计的个性化发展正与神经科学对个体差异的研究产生深度交融，大脑功能连接的独特性为定制化设计提供了生物学基础。静息状态下的大脑活动模式具有个体特异性，这种神经指纹现象为预测用户的视觉偏好开辟了新途径，使得设计方案可以更精准地匹配目标受众的认知特征。大脑不同区域的功能连接强度与认知风格存在对应关系，例如抽象思维倾向较强的个体在接受概念性设计时表现出更高的神经效率，这种发现为受众分类提供了科学依据。遗传因素导致的神经递质差异会影响审美偏好，这种生物特性的存在解释了为何相同设计在不同人群中会产生差异化反应，为个性化策略的制定提供了理论支撑。大脑皮层的结构特征与空间感知能力密切相关，这种解剖学差异指导着信息架构设计中空间布局的个性化调整，使视觉传达更符合用户的认知习惯。神经可塑性研究表明个体的脑活动模式具有动态调整潜力，这种特性为开发自适应界面系统提供了理论依据，使设计能够实时响应用户的认知状态变化。特定色彩组合引发的神经反应具有跨时间稳定性，这种生物学规律为构建个性化配色系统奠定了科学基础，使色彩方案能够持续满足用户的审美需求。

2. 脑机接口与动态设计调整

脑机接口技术的进步显著提升了神经特征的解码效率，实时获取的视觉处理数据为动态调整设计元素提供了技术支撑，推动个性化设计进入即时反馈的新阶段。认知控制能力的个体差异影响着信息过滤需求，通过评估这种神经特征可以优化界面设计的信息密度，为不同用户群体提供适宜的信息环境。审美偏好的神经生物学基础研究揭示了设计要素与脑活动模式的对应规律，通过技术手段建立这种关联模型，可以实现设计方案与用户特征的精准匹配。教育实践中需要平衡个性化与通用性原则，过度强调神经特征可能导致设计解决方案失去普适价值，这种矛盾要求在教学体系中培养学习者灵活的设计思维。神经伦理学问题成为教育过程中不可忽视的组成部分，涉及脑数据隐私保护与认知自由权的边界讨论，需要融入课程设置的伦理模块。将复杂的神经数据转化为可视化设计参数存在技术挑战，这种转化过程的教学演示需要开发专门的解析工具并提供方法论指导。跨学科融合正在重塑设计人才培养的规格标准，要求教育者兼具神经科学素养与设计转化能力，这种复合型师资队伍建设是教学改革的关键环节。

3. 神经伦理与数据转化挑战

技术应用需要警惕神经决定论的思维陷阱，个性化设计不应沦为生物数据的简单映射，保持人文关怀与创造性思维仍是设计教育的核心价值。教学创新面临实验室建设与课程开发的双重挑战，建立跨学科教研平台成为推进神经特征适配技术转化的重要基础。随着社会对个性化服务的需求增长，设计教育必须前瞻性地培养能够驾驭神经科学工具的新型人才，这种人才培养方向契合行业发展的未来趋势。技术工具的进步不断拓展个性化设计的可能性边界，但如何保持设计的人文温度与伦理责任，仍是教学过程中需要持续探讨的深层命题。教育体系的完善需要建立神经科学与设计学的对话机制，通过知识融合催生创新性的教学方法，这种学科交叉是设计教育现代化的重要推动力。

（二）决策路径：眼动追踪揭示的视觉优先逻辑

1. 眼动轨迹与视觉流线设计

视觉认知研究的深化推动设计教学方法的革新，眼动追踪技术通过捕捉眼球运动轨迹揭示了视觉信息处理的底层规律，这种技术手段为理解视觉优先级提供了客观依据。人眼在接收信息时存在自动化扫描路径，初始注视点的分布规律表明视觉系统对空间布局具有固有偏好，这种生物特性指导设计师在界面规划中建立符合自然认知习惯的视觉流线。视觉元素物理属性的差异直接影响认知资源的分配强度，高对比度区域因其显著的视觉吸引力能够延长注视时间，这种发现促使设计者通过明暗调控实现信息层级的隐性划分。眼球运动轨迹的聚类特征显示人脑倾向于将具有闭合性或连续性的图形元素自动关联，这种格式塔认知倾向为信息架构的连贯性设计提供了神经行为学解释。跨文化研究揭示了视觉经验对注意模式的重塑作用，长期接受特定视觉训练形成的认知图式会改变默认注视顺序，这种可塑性特征对全球化背景下的设计教学具有启示价值。

2. 瞳孔波动与信息密度优化

视觉回溯现象的频率与信息理解难度呈正相关，频繁的眼跳折返往往指向信息传达的障碍节点，这种动态指标为评估设计方案的认知流畅度提供了实时参照。瞳孔直径的生理性波动与认知负荷变化同步，复杂视觉信息引发的瞳孔扩张现象为优化信息密度提供了生理信号依据。预注意加工机制的存在通过眼动数据得到验证，大脑在意识介入前已完成基础特征的自动化提取，这种发现推动教学设计更加关注阈下感知层面的信息构建。视觉探索过程具有序列依赖性特征，当前注视点的空间位置影响后续搜索方向的选择规律，这种链式反应特性为引导性视觉设计提供了数学建模基础。教学实践中引入眼动轨迹的可视化反馈，使学生直观观察设计方案引发的视觉行为模式，这种具象化教学法有效提升了学生对隐性认知规律的理解深度。

3. 数据伦理与跨通道感知模型

技术应用需警惕数据导向与设计价值的偏差风险，视觉热点的集中区域未必对应审美价值的核心，这种认知提醒教学设计需平衡科学量化与艺术判断。多感官交互研究挑战了传统视觉中心主义范式，听觉线索对视觉注意的调制效应推动建立整合多通道感知的设计思维模型。眼动技术的教学转化需遵循伦理规范，数据采集过程中的知情同意原则应纳入课程的人文教育模块。认知神经科学的介入重构了设计评估标准，从形式美学转向认知效率分析的教学转型要求教师更新知识储备并掌握基础生物测量技能。海量眼动数据的机器学习分析为提炼视觉引导法则提供了新途径，这种数据驱动方法正在改变由经验主导的传统教学模式。教育创新需处理技术工具与设计本体的辩证关系，眼动规律揭示的认知共性与创造性突破所需的模式超越构成教学实践的核心张力。

（三）记忆锚点：神经可塑性视角下的符号设计

1. 突触重塑与符号记忆巩固

符号认知机制在神经科学视角下呈现新的理论维度，大脑对视觉符号的处理具有动态可塑性特征，这种生物特性为符号设计教学提供了生理学基础。长期记忆的形成依赖神经突触连接强度的调整，重复接触的视觉符号引发海马体与皮层网络的协同重塑，这种神经机制解释了符号认知度积累的生物学原理。默认模式网络在静息状态下，能自发激活符号记忆，并对其进行巩固，大脑在非任务状态下持续进行的内隐加工为环境化视觉设计提供了理论支撑。镜像神经元系统的激活特性表明具身化符号具有记忆优势，将抽象概念与动作经验结合的符号策略展现出神经层面的独特效能。工作记忆的容量限制推动符号简化设计法则的发展，原型特征的提取策略在脑成像研究中被证实能提升前额叶处理效率。情绪系统对符号记忆的调制作用通过神经化学路径实现，多巴胺奖赏回路的激活强度影响符号的情感附加值，这种机制要求符号设计教学加强情感维度考量。脑电震荡的同步化现象揭示符号认知的时序编码规律，特定频率的神经协同活动与符号意义提取效率相关，这种时域特征为动态符号设计提供了节奏控制依据。

2. 跨文化符号的神经共通性

跨文化符号的神经表征研究显示集体记忆存在生物学基础，特定图形范式能激活不同文化群体的相似脑区，这种共通性指导着全球化符号设计的教学优化方向。突触修剪机制要求符号系统保持适度更新频率，可塑性的双向特性平衡了符号认知的稳定性与适应性，这种动态关系指导着符号体系的迭代设计策略。多感官整合研究突破传统视觉符号范式，触觉反馈与听觉线索的协同作用增强符号记忆锚定效果，这种跨模态认知规律正在重构符号教学设计框架。在教学实践中融入神经可塑性原理，帮助学生理解符号效能的生物制约因素，这种认知提升助力构建符合认知规律的符号系统。符号简化与信息完整性的矛盾需要创新解决方案，层级化符号体系在神经适应性研究中显示出平衡认知负荷与意义传达的双重优势。经典设计法则的生物学根源通过神经美学研究得以揭示，符合特定数学关系的符号形态能引发脑网络的偏好性激活，这种发现为传统法则注入了现代科学内涵。

3. 技术鸿沟与创造性突破

教育创新需防范神经决定论风险，符号设计不应被现有神经机制完全束缚，培养突破生物局限的创造性思维仍是核心目标。技术革新推动符号评估方法转型，从主观评判转向认知效能分析的教学评价体系需要建立新的指标体系。脑活动数据向设计语言的转化存在技术鸿沟，这种转化能力的培养成为现代符号教学的关键环节。代际差异研究揭示神经可塑性的年龄特征，不同发展阶段的可塑性窗口要求对符号教学策略进行动态调整。符号设计教育的本质在于联结生物规律与文化表达，在神经机制约束中释放创造潜能的教学目标体现了学科的科学与人文双重属性。

（四）多感官整合：跨模态认知增强设计研究

1. 感官协同与具身认知设计

人类感知系统的协同运作规律正在重塑视觉传达设计的理论基础，不同感官通道的相互作用机制为教学创新开辟了新路径。视觉信息处理与听觉、触觉等感官存在天然的神经联结，这种生物特性要求教学设计突破单一感官维度的传统思维。空间定位研究中发现，视觉元素与声音节奏实现时空同步时能强化记忆效果，该规律促使教学策略转向多维度感官协调模式。气味线索与视觉符号的神经关联机制显示，嗅觉刺激可激活对应的视觉记忆网络，这种跨通道联动效应拓展了环境化设计的可能性。动作观察与符号理解的共享神经通路研究证实，将身体体验融入视觉符号设计能提升学习效能，这种具身认知原理正在改变传统教学方法。情感化设计研究揭示了温度触觉与视觉元素的协同作用，可增强情感共鸣，这种多感官联动效应推动情感传达教学范式的革新。注意资源分配机制表明不同感官信息的冲突会加剧认知负担，这要求跨模态设计必须保持各通道信息的协调统一。神经同步化现象证明感官输入的时间一致性影响认知整合效率，该规律为动态视觉节奏设计提供了生物节律参照。文化经验塑造的联觉模式存在群体差异，颜色与声音的跨文化关联研究为全球化设计教学提供了重要启示。

2. 神经同步与动态节奏控制

前额叶处理能力的生物限制要求多感官设计平衡信息量与认知负荷，这种约束催生了分层递进的教学设计原则。教学实践中通过模拟真实场景的感官联动环境，帮助学生构建整合性设计思维，沉浸式训练法显著提升了学生的跨模态设计能力。技术进步使得同步采集多模态生理数据成为可能，这种多维评估手段正在推动教学标准向科学化方向演进。教育创新需警惕感官刺激过载的风险，过度追求多通道输入可能弱化核心信息的传递，这要求教学设计遵循适度增强原则。长期跨模态训练引发的神经可塑性变化研究显示，渐进式课程设计能有效优化脑区连接模式，这种生物适应特性为教学规划提供了依据。感官刺激的伦理考量要求关注个体差异阈值，这种人因工程思维应融入教学设计的各个环节。传统艺术中的多感官表达智慧在现代神经科学视角下焕发新生，古典联觉手法为当代设计教育注入文化传承的动力。

3. 技术过载与文化传承的平衡

平衡科学规律与艺术个性成为教学难点，跨模态设计既要遵循神经机制又要保持审美独特性，这对教师课程设计能力提出更高要求。教育转型迫使教师重构知识体系，从单一视觉专业转向多学科整合的教学模式，这种变革对师资培养提出全新挑战。虚拟现实等新技术带来的感官重构可能性，促使教育者重新思考数字化环境中的多模态教学设计路径。

（五）评估范式：从主观表述到客观测量的转型

1. 神经美学评估模型构建

设计教育评价体系正在经历从经验判断到遵照生物指标的科学化转型，这种范式革新重构了质量监控的底层逻辑。传统评估方法的主观性与模糊性缺陷，通过神经测量技术的引入获得根本性改善，生物指标的量化特征使设计评价具备可验证的科学属性。视觉皮层激活特征的研究为建立神经美学评估模型奠定了生物标记基础，这种基于脑机制的评价方式正在改变设计价值判断标准。生理信号的实时监测技术将设计评估推进到动态优化阶段，即时反馈机制使教学过程形成闭环调节系统。前注意加工的神经反应捕捉技术突破了传统评估的时间分辨率限制，为测量设计元素的潜意识影响开辟了新维度。自主神经系统指标的应用使情感化设计评估摆脱了主观描述的困境，客观参数体系提高了评价结果的可信度。

2. 动态优化与跨文化弹性标准

神经效率理论指导下的评估模型关注认知投入与信息产出的比值，这种经济性指标为设计优化提供了新的方向。跨文化神经响应差异的研究推动建立动态评估标准，生物证据支持的弹性评价体系更适应全球化教育需求。眼动追踪技术的教学应用将视觉引导效率转化为可量化指标，数据驱动评估有效降低了主观判断的随机偏差。标准化进程中的生物测量个体差异问题，促使评估模型持续迭代以平衡普适性与特异性需求。技术测量与人文评价的辩证关系要求评估体系保持弹性，在科学指标与艺术价值之间建立对话空间。教师能力重构成为评估转型的关键，神经测量技术的掌握与生物数据解读能力成为现代设计专业教师的必备素养。设计批评话语体系正在经历跨学科融合，神经科学概念与传统美学术语的碰撞催生出了新的评价语言范式。

3. 教育监控与评估伦理框架

教育质量监控的伦理维度要求建立生物数据应用的规范框架，将责任意识植入评估流程设计的每个环节。神经可塑性规律的追踪研究为个性化教学提供了动态评估依据，这种持续监测模式推动教育走向精准化。跨文化评估标准的建立需要神经人类学研究的支撑，寻找生物层面的共性反应成为全球化教育的重要课题。技术更新与教育适应的速度差异要求评估体系保持开放性，预留接口以应对未来技术迭代带来的变革。教育评估的终极目标指向学习者神经认知结构的优化，这种生物层面的能力发展监测标志着设计教育进入新纪元。评估范式的转型本质是教育思维的进化，在保持学科特色的基础上整合科学方法，成为当代教育者面临的核心挑战。

第三节 案例：中央圣马丁艺术与设计学院“生物材料与信息设计”跨学科课程

一、中央圣马丁艺术与设计学院跨学科课程：生物材料与信息设计的范式创新

（一）范式融合：学科边界的弹性化构建原则

1. 学科边界的动态重构机制

当代设计教育在知识生产模式转型的驱动下，正经历着学科范式重构的深刻变革，这种变革的核心在于学科边界的动态调整与弹性化构建。传统学科壁垒的消解并非基于单纯的知识叠加，而是基于方法论层面的深度融合，这种融合需要建立动态平衡的学科交互机制。不同学科范式在交叉碰撞中产生的认知张力，被证明是激发创新思维的重要催化剂，这种张力的有效管理成为课程设计的关键策略。学科边界的弹性化本质上是知识结构的拓扑重构，通过构建可伸缩的学科接口实现知识要素的有机重组，这种重组过程必须遵循认知负荷优化的基本原则。教学实践观察显示，范式融合呈现出明显的梯度发展特征，从初期的符号借用逐步过渡到深层的概念重构，这种渐进性特征要求课程体系设计保持阶段适应性。

跨学科对话中频繁出现的术语转译障碍，暴露出范式融合的深层挑战，构建跨学科共享的元语言体系成为消除认知鸿沟的重要突破口。知识迁移过程中普遍存在的范式损耗现象表明，学科方法论的移植必须经过本土化改造，这种适应性调整的深度直接影响跨学科教学的实际成效。

2. 方法论融合的梯度发展特征

弹性化构建原则强调学科关系的动态调节能力，既要维护专业深度的核心价值，又要增强跨学科视野的包容性，这种双重诉求催生了螺旋上升的教学结构模型。教学评估标准随之发生根本转变，从单一学科的知识掌握转向跨学科问题解决能力的培养，这种能力导向的评估体系反向推动教学内容的系统重构。教师角色在范式融合过程中发生本质性演变，从传统的知识传递者转型为学科关系的架构师，这种角色转换对教师的元认知能力提出更高要求。课程体系的弹性设计需要预留知识迭代的接口空间，以应对新兴学科对现有知识结构的冲击，这种前瞻性设计是维持教学系统生命力的关键所在。范式冲突的调适机制研究表明，不同学科的价值取向差异需要通过协商式学习过程来调和，这种协商过程本身构成重要的教学实践环节。学科边界弹性化的极限问题引发教育反思，过度融合可能导致专业特性的消解，这种潜在风险警示教学设计必须保持必要的学科辨识度。

3. 认知张力的弹性化管理策略

知识生产模式的网络化特征推动范式融合向多中心结构演化，这种去中心化趋势对传统的线性课程组织方式形成挑战。教育实践中形成的弹性阈值概念，为不同学科的融合程度提供了动态平衡的参考框架，这种对平衡点的精准把握成为教学设计的核心艺术。范式融合的终极目标并非消除学科差异，而是构建具有差异协同效应的知识生态系统，这种生态化思维正在重塑设计教育的底层逻辑架构，推动教育模式从机械组合向有机共生的方向演进，这种转变不仅改变了知识传递的方式，更重新定义了设计教育的社会价值与未来图景。

（二）概念迁移：核心理论在不同领域的适用性研究

1. 理论内核的跨语境适应性重构

概念迁移作为跨学科教学的理论基石，本质上是知识要素在异质语境中的适应性重构过程。核心理论在跨领域应用时展现出的适应性特征源于其抽象内核的普遍性价值，这种价值在不同学科语境的转译中得以延续与拓展。概念移植过程中出现的语义嬗变现象，凸显了学科语境对理论内涵的塑造作用，保持概念核心语义的稳定性成为迁移成功的关键要素。教学实验数据表明，概念迁移存在显著的认知门槛效应，只有当学习者的前认知结构与新概念形成必要联结时，迁移过程才能有效发生，这种联结的建立需要专门设计的教学策略作支撑。隐喻机制在概念迁移中发挥着桥梁作用，通过构建源领域与目标领域的映射关系，能够有效降低跨学科理解的认知难度，这种类比思维的培养成为概念迁移教学的重点方向。概念适用性边界的界定是迁移研究的重要环节，建立理论应用的约束条件框架，能够有效防范跨领域使用中的概念泛化风险，这种约束性思维训练有助于提升学生的学术严谨性。跨学科概念网络的形成依赖于节点概念的枢纽作用，选择具有高连接潜力的核心概念作为迁移起点，能够显著提升知识网络的建构效率，这种枢纽概念的遴选标准正在成为教学共识。

2. 语义嬗变与概念稳定性平衡

迁移过程中的知识损耗补偿机制研究表明，通过构建补充性解释框架可以弥合语境差异导致的意义缺失，这种补偿策略的运用需要遵循最小干预原则。学科文化差异对概念迁移的隐性制约不容忽视，价值观层面的潜在冲突可能阻碍理论的顺利移植，这种文化适配性考量应纳入迁移策略的评估体系。概念适用性研究的教学转化面临表征难题，抽象理论的可视化表达技术成为突破认知障碍的有效工具，这种转译能力的培养构成跨学科教学的核心竞争力。迁移效果的滞后性特征要求教学评价体系建立延时反馈机制，短期认知成果与长期思维影响的综合评估更能准确反映迁移教学的实际价值。概念体系的动态更新特性对迁移成果的稳定性形成挑战，建立概念版本管理的教学机制成为应对知识迭代的必然选择。

3. 认知门槛效应的迁移教学策略

迁移过程中产生的认知冲突被证明具有积极的教育价值，通过设置可控的理论矛盾情境，能够有效提升学生的概念辨析能力，这种冲突教学法的应用需要精确的难度控制策略。跨学科概念迁移的终极目标并非简单复制知识，而是通过创造性转化催生新的认知范式，这种创新能力的培养标志着教育质量的本质提升，同时也为学科发展注入持续动力，这种转化过程既需要严谨的学术规范，又离不开创造性的思维突破，在二者的动态平衡中推动知识体系的迭代更新。

（三）方法论嫁接：研究工具的跨学科适配路径

1. 工具效度的跨学科校准机制

方法论嫁接作为研究范式的创造性重组过程，其核心在于解决工具理性与学科特性的适配难题。当不同学科的研究工具进行交叉应用时，工具效度的重新校准成为关键教学环节，这种校准本质上是对以方法论对话的具体实践。工具移植过程中出现的信度衰减现象表明，跨学科方法论的直接套用存在局限性，必须通过工具改良提升其在新语境中的解释力，这种改良策略构成方法论教学的核心内容。研究工具的适配路径呈现出双向流动特征，既包括工具在学科间的横向迁移，也包含工具功能的纵向拓展，这种立体化适配模式推动方法论体系的持续进化。教学实践观察发现，工具嫁接存在学习曲线陡峭的问题，通过构建阶梯式训练模块逐步提升学生的工具驾驭能力，这种渐进式教学法有效减轻了认知负荷。

2. 信度衰减与工具改良策略

工具生态系统的构建理念逐渐获得认同，不同方法论工具的组合使用产生的协同效应远超单一工具效能，这种对系统思维的培养成为方法论教学的新方向。工具理性与学科直觉的平衡难题引发教学反思，过度依赖量化工具可能抑制设计思维的创造性特质，这种张力管理需要建立动态调节机制。工具适配性的评估标准从单一效度指标转向多维影响评估，包含对认知负荷、创新潜能等软性指标的综合考量，这种评估转向推动教学策略的系统优化。方法论冲突的化解策略研究表明，通过建立工具使用的优先级规则可以有效协调不同范式的竞争关系，这种规则体系的构建需要兼顾学科特性与教学目标。工具嫁接中的知识转化损耗问题促使教学关注元层次工具的开发，即能够促进方法论对话的辅助工具，这种元层次工具的设计能力成为跨学科人才的核心素养。工具演进的路径依赖特性要求教学方法保持必要弹性，预留工具更新迭代的适应空间，这种前瞻性设计确保教学体系的可持续发展。

3. 方法论生态系统的协同构建

工具伦理维度在跨学科应用中日益凸显，研究方法的选择必须平衡社会影响与学术责任，这种伦理意识的培养应贯穿工具教学全过程。方法论嫁接的终极目标不是工具堆砌，而是形成具有学科特色的创新研究范式，这种范式创新能力的培养标志着教育层次的质的飞跃。工具教学从技术培训升华为思维塑造，通过方法论的学习过程培养学生的跨学科研究意识，这种意识的内化构成教学成功的根本标志。工具适配路径的探索本质上是知识生产模式的实验过程，这种实验精神应渗透到教学实践的每个环节，形成持续创新的教育生态，这种生态的构建既需要技术层面的突破，更依赖于教育者思维范式的转变，要在工具理性与人文关怀的辩证统一中，开拓跨学科教育的新维度。

（四）认知冲突：学科思维差异的调和机制

1. 思维差异显性化处理技术

跨学科教学实践中，不同学科思维方式的碰撞形成认知冲突，这种冲突本质上是方法论层面的深层差异，需要建立系统的调和机制来将矛盾转化为创新动力。设计学科注重形象化思维与工程学科强调逻辑推理的特性差异，在教学交叉领域形成思维方式的对立，这种对立并非表面矛盾，而是源于知识生产范式的本质区别。调和机制的建立需要突破简单妥协的思维定式，构建能够实现认知转换的中间系统，通过建立思维转换的桥梁促进不同学科方法的有机衔接。教学实践证明，适当强度的认知冲突能够激发创造性思维，但过度的矛盾会阻碍学习进程，因此需要精准把握冲突强度的动态平衡点。将隐性的思维差异显性化处理是关键策略，借助可视化工具将不同学科的认知路径进行对比呈现，这种显性化过程本身就成为促进理解的教学手段。

2. 认知冲突强度的动态平衡点

隐性知识难以转化的困境是认知冲突的核心问题，通过创设具体情境的实践环节引导隐性知识显性表达，能够有效突破思维转换的障碍。研究发现认知冲突的发展呈现先增强后减弱的抛物线规律，这个特征为教师选择最佳干预时机提供了理论依据。培养学生元认知能力是调和思维差异的有效途径，通过提升学生对自己思维过程的监控与调节能力，增强其在不同学科范式间的适应转换能力。冲突转化需要遵循渐进式原则，从基础术语的对应翻译到核心概念的映射衔接，最终实现思维范式的深度融合，这种分层推进策略符合认知发展的客观规律。学科文化背景的差异对思维冲突具有潜在影响，需要通过建立跨文化对话平台促进价值观层面的相互理解与调适。教学实践中总结的“冲突触发 - 反思深化 - 结构重构”三阶段模型，为认知冲突的创造性转化提供了可操作的实施框架，这种转化过程本身成为推动知识创新的重要动力。培养认知弹性是建立调和机制的核心目标，通过训练学生在不同思维模式间自由切换的能力，增强其应对复杂问题的适应性。

3. 冲突转化三阶段实施框架

评估标准从追求表面共识转向关注创新思维的激发程度，这种转变推动教学策略从消除差异转向利用差异创造价值。教师作为冲突调解者需要具备跨学科素养，既要深入理解不同思维范式的特性，又要掌握促进认知转换的教学策略，这对教师专业发展提出了复合型能力的要求。认知冲突的持续存在揭示知识整合的动态特性，调和机制的设计需要保持开放性，为应对新生矛盾预留调整空间。最终意义上的调和不是消灭差异，而是构建差异共生的认知生态系统，这种生态化理念正在重塑跨学科教育的理论基础，推动教育模式从机械整合转向有机融合，在保持学科特性的基础上实现协同创新，这种转变不仅优化了教学过程，更重构了知识生产的底层逻辑。

（五）共同语言：跨学科对话的术语体系构建

1. 元术语创建与语义漏斗效应

跨学科交流的根本障碍来自专业术语系统的不可通约性，构建共享的语义体系成为知识整合的先决条件。术语体系建设的本质是创造包容性的概念空间，既保持学科术语的精确性又具备跨领域适应性。教学实践显示抽象程度较高的概念更容易实现跨学科迁移，这种“语义漏斗”效应为术语选择提供了重要参考。创建超越学科界限的基础元术语被证明是有效策略，这类术语作为沟通桥梁能够促进专业术语的对话交流。术语体系需要保持动态开放性，预留概念更新的弹性空间以应对知识快速迭代的挑战。术语转换中精确性与创造性的平衡难题，通过建立分级转换机制得以缓解，允许不同精度要求的交流场景共存。

2. 术语转换的分级机制设计

视觉化工具的运用显著提升了术语转换效率，将抽象概念转化为图形符号有效降低了跨学科理解的认知门槛。术语构建应遵循最小修改原则，在尊重学科特色的基础上寻求最大共识，这种平衡艺术体现跨学科教学的设计智慧。术语共识的形成具有协商性特征，通过结构化讨论框架引导学科间的意义协商，这个过程本身构成重要的学习体验。定期语义校准能够防止概念漂移，这种维护机制确保术语体系的稳定性与可靠性。构建多层解释系统可以补偿术语转换中的信息损耗，形成从核心定义到应用场景的完整语义链条。

3. 动态开放性术语维护策略

术语评估标准从单一准确性转向多维适用性，涵盖认知效率与创新潜能等复合指标，推动构建策略持续优化。术语体系的文化负载特性要求构建过程注重学科价值观的兼容性，通过建立中立描述框架减少文化冲突。术语教学重点转向能力培养，训练学生在不同术语系统间灵活转换，这种能力构成跨学科素养的核心要素。新概念往往产生于学科交界的模糊地带，这种规律为创新教学提供方向指引。最终目标不是术语统一而是建立差异共存的对话机制，这种机制保障跨学科交流的持续创造力，使不同学科在保持特色的基础上实现深度互动，这种互动既需要技术层面的术语转换，更依赖思维层面的相互理解，在动态平衡中推动知识体系的创新发展。

二、跨学科教学创新的关键实施路径

（一）项目驱动：真实问题的知识整合催化剂

1. 复杂问题的知识重组机制

项目驱动教学通过真实问题情境激活跨学科知识的内在联系，这种联系的建立成为知识整合的关键推动力。复杂现实问题迫使学习者突破学科壁垒，在解决问题的动态过程中实现知识的有机重组。项目设计的核心在于平衡问题复杂度，既保持跨学科特性又匹配学习者认知水平，这种平衡艺术直接影响教学成效。研究表明，项目推进过程中存在关键整合节点，适时的教学介入能显著提升知识融合质量。真实问题的情境依赖性要求项目设计充分包含环境要素，通过高拟真场景促进知识的情境化迁移。认知负荷管理成为重要课题，任务分解与支持框架的有机结合提高学习者的认知效率。评估标准从结果导向转向过程导向，关注思维模式转变与整合路径创新，推动评价体系革新。结构化反思框架的运用促进显性与隐性知识的双向转化，直接影响知识整合深度。

2. 情境化迁移的评估节点设计

保持项目设计的弹性空间允许多元探索解决方案，这是开放性培养创新思维的核心品质。传统知识在项目中可能转化为工具性知识，这种角色转换促使学生重新认知知识价值。团队协作机制促进跨学科思维碰撞，社会性互动成为知识整合的重要推动因素。诊断机制显示概念断层与方法论冲突是主要障碍，针对性策略能有效突破整合瓶颈。多模态展示方式强化整合成果的系统认知，影响知识固化的效果。项目迭代中的知识重组揭示整合的动态本质，允许方案优化，深化知识联结。最终目标是培养跨学科整合的元能力，这种能力的形成标志着教育目标的根本实现，使学习者不仅掌握具体技能，更获得应对复杂问题的思维框架，这种转变需要教学过程从知识传授转向能力培养，在真实问题解决中构建可持续发展的学习生态。

（二）评估重构：多维指标的跨学科评价模型

1. 创新质量的跨领域坐标系

跨学科教育评估体系的革新需要突破传统评价模式的线性思维，构建能够反映知识整合复杂性的多维观测框架。传统评估方法在应对跨学科教学时暴露的局限性，源于其固化的学科边界意识与单一的结果导向逻辑，这种局限性促使教育者重新思考评估工具的价值取向。新型评估模型的设计基点在于承认跨学科学习的非线性特征，将过程性要素与创造性产出置于同等重要的观测维度，这种转变实质上是对教育本质的回归。评价指标的构建需要遵循动态平衡原则，既要设定反映基础能力的基准线，又要保留对非常规创新的包容空间，这种双重性设计考验着教育者的系统思维。

2. 评估工具的动态校准机制

知识迁移能力的评估成为核心维度，通过设计情境化任务观察学生在不同学科范式间的思维转换效率，这种评估方式将抽象能力具象化为可观测的行为表现。创新质量的评判标准需要突破传统学科范式，建立基于问题解决效度的跨领域评价坐标系，这种坐标系的构建需要整合多学科专家的认知视角。评估过程的透明度建设直接影响其教育价值，通过可视化反馈机制，使学生清晰认知自身能力发展轨迹，这种认知提升反过来促进评估工具的功能进化。评价主体结构的多元化重构打破了教师垄断评价权的局面，引入跨领域实践者参与评估，这种开放机制增强了评估结果的社会适配性。评价数据的解释模型需要兼顾定量分析与质性研判，建立能够揭示能力形成机制的解释框架，这种复合式解析为教学改进提供精准导航。评估工具的自我更新机制不可或缺，通过建立周期性校准制度使指标体系保持与教育发展的同步性，这种动态适应性是评估模型生命力的根本保障。跨文化评估标准的兼容性设计成为新挑战，需要在保持学科特色的前提下提炼普适性评价要素，这种提炼过程本身就是跨学科思维训练的重要实践。终极意义上的评估重构指向教育价值观的转型升级，推动评估从简单的优劣判断转向发展引导，这种转变要求教育者重新定义成功的标准，在保持学术严谨性的同时为创新保留生长空间，这种平衡艺术需要教育者在工具理性与价值理性之间找到恰当的支点，构建既能客观反映教学效果又能激发创新潜能的新型评估生态系统。

（三）师资协同：双导师制的实施框架设计

1. 学科导师与方法论导师的角色配比

双导师制的教育价值在于构建学科知识与方法论的对话通道，通过双重认知视角的碰撞激发教学创新的化学反应。制度设计的核心挑战在于平衡导师间的专业权威与协同效能，这需要建立明确的角色分工与灵活的协作机制。学科导师与方法论导师的职能配比需要根据项目特性动态调整，形成具有弹性的指导组合模式，这种灵活性是制度适应不同教学场景的关键。协同指导平台的构建突破了传统师徒制的空间局限，利用数字技术搭建虚实融合的交互界面，为跨学科对话创造持续发生的载体。指导过程的节奏调控需要遵循学习认知规律，在关键节点加强导师介入强度，形成波浪式推进的教学支持曲线。教师协同能力的培养成为制度实施的基础工程，通过跨学科教研活动培育教师的多元思维素养，这种素养的提升打破了单一学科的经验壁垒。知识传递模式的革新体现在从单向灌输转向三方共建，在师生对话中催生新的知识生长点，这种互动重构了传统教学中的权力关系。指导质量的保障机制需要创新设计，建立兼顾过程表现与长期发展的双轨评价体系，这种复合评估引导教师关注学生的可持续成长。制度弹性的维护是应对教育变革的重要策略，允许根据项目进展动态调整导师配置方案，这种适应性增强了制度的生命力。

2. 隐性知识传递的协同场景创设

隐性知识传递效率的提升需要创设共同实践场景，通过师徒协作完成真实项目促进默会经验的跨学科流动，这种情境化学习能弥补传统指导的认知断层。导师团队的可持续发展需要构建知识管理系统，通过案例积累与经验共享形成可传承的指导智慧库，这种知识沉淀能增强制度的延续性。文化隔阂的消解是协同指导深化的前提，通过建立跨学科教学共同体培育共享的价值理念，这种文化融合为制度实施提供深层支撑。终极目标是通过导师资源的化学反应产生教育增值效应，这种协同效应需要突破制度表层设计，深入重构教师合作的文化基因，在持续互动中培育新型教学关系，这种转变不仅能改变教学组织形式，而且能够重塑教师的专业发展路径，为教育创新提供持续的人才支撑。

（四）空间革新：混合实验室的教学功能升级

1. 智能空间的数据反馈系统

教育空间的革新本质上是教学理念的物质化呈现，混合实验室的设计需要突破工具理性思维，构建承载跨学科创新的认知生态系统。空间布局的可重构性设计反映教学过程的动态特征，通过模块化组合机制适应不同项目的空间需求，这种灵活性实质上是教育不确定性的物理映射。智能感知系统的植入使空间具备教学反馈功能，实时采集的交互数据为空间优化提供实证依据，这种数据驱动决策提升空间的教育效能。虚拟与现实的深度交融创造新的教学维度，扩展现实技术的教育化应用，突破物理空间限制，这种技术整合重塑了知识创造的时空边界。环境要素的精细化调控被证实影响创新产出，通过光色温控与声学设计的协同作用营造沉浸式创作氛围，这种物质文化场域的构建体现空间设计的教育智慧。设备管理模式的智能化转型提升资源使用效率，基于使用数据的预测性维护系统实现设备服务的精准供给，这种数字化转型重构实验室的管理逻辑。安全标准的弹性化设计平衡创新探索与风险管理，建立分级管控体系兼容不同学科的实验特性，这种平衡艺术体现空间治理的教育哲学。

2. 虚拟现实融合的认知场域构建

空间教育价值的转化需要专门的引导机制，通过嵌入式指导系统帮助学生理解空间要素的教学意涵，这种认知转化提升空间资源的育人效益。可持续性理念的融入推动空间设计革新，能源管理系统的智能化升级实现教学需求与环保责任的统一，这种价值整合拓展了教育空间的社会功能。行为数据的教育挖掘开辟教学研究新领域，空间使用模式的分析反哺课程设计，形成空间与教学的共生进化关系。文化遗产的数字化转译丰富空间教育内涵，通过技术媒介实现传统工艺与现代设计的跨时空对话，这种文化融合创新赋予实验室文明传承的使命。终极追求不是技术装备的简单叠加，而是构建教育理念的空间载体，这种革新需要设计者超越工程师思维，以教育学家视角重构空间要素，使实验室成为知识生产的有机体而非机械容器，这种转变要求空间设计者具备跨界整合能力，在教育目标与技术可能之间架设创造性转化的桥梁。

（五）生态培育：跨学科创新的文化土壤建设

1. 容错机制与知识共享平台

教育生态系统的培育需要突破机械组合思维，通过文化基因改造构建支持跨学科创新的有机生命体。价值共识的凝聚是生态建设的奠基工程，在尊重学科差异的基础上提炼共同教育理念，这种共识构成生态进化的精神骨架。制度壁垒的破除需要管理智慧，建立弹性化的教学管理制度为跨学科实践提供合法化通道，这种制度创新释放了被束缚的创造潜能。知识流动机制的常态化设计维持生态活力，通过制度化安排的交流平台促进异质思维的持续碰撞，这种碰撞产生的知识火花是生态进化的能量来源。失败宽容文化的培育要突破功利主义桎梏，建立容错机制，鼓励探索性实践，这种文化转型需要重新定义教育的价值尺度。知识共享平台的智能化升级优化了生态代谢，通过数据匹配促进跨领域知识的创造性重组，这种技术赋能加速创新种子的萌发。激励体系的重构有助于引导生态进化方向，建立个人成就与集体贡献平衡的奖励机制，这种平衡设计能够培育合作共生的文化基因。

2. 自组织教育生态的治理逻辑

组织结构的扁平化改革激发基层创新，通过权力下放激活教师群体的创造潜能，这种治理变革需要管理者的自我革命勇气。文化符号系统的建设强化生态认同，通过视觉标识与仪式活动塑造独特的跨学科身份，这种符号化表达增强了成员的归属感与使命感。社会网络的开放性有助于拓展生态边界，构建产学研深度融合的创新共同体，这种开放结构能增强教育生态的环境适应力。代际传承机制的创新保障生态延续，通过项目制学习实现创新文化的跨代传递，这种传承方式突破传统师徒制的局限。生态健康监测需要创新评估工具，建立包含多样性指数与创新密度的评价体系，这种评估引导生态的可持续发展。终极愿景是培育具有自组织能力的教育生态系统，这种系统能够自主应对环境变化并持续进化，其形成需要教育者转变角色定位，从控制者转变为园丁，通过持续的文化灌溉与制度松土，培育出郁郁葱葱的跨学科创新雨林，这种生态化变革不仅改变教育实践形态，更重塑知识生产的底层逻辑，为应对复杂时代挑战提供文化解决方案。

第三章 教育伦理的数字化转型挑战

Chapter 3

第一节 原创性危机：AIGC 工具的教学应用边界

一、AIGC 工具应用中的伦理与原创性挑战

（一）伦理困境：AI生成内容的版权归属争议

1. 版权归属争议与技术伦理

人工智能技术在视觉传达设计领域的教学渗透正在重塑传统创作关系的认知边界，这种技术介入引发的版权归属争议本质上是数字时代创作者身份的重构挑战。现行著作权制度植根于人类中心主义的法律传统，将创作主体性明确锁定为自然人或法人实体，而智能工具的介入使得作品生成链条呈现人机协同的复合特征，这种模糊性导致既有法律框架的解释效能面临严峻考验。争议焦点集中于如何客观评估人类设计者与算法系统在作品形成过程中的贡献比例，这种量化分析需要突破传统创作主体非此即彼的判定逻辑。教育实践中师生借助 AI 工具完成的设计作品往往经历多轮人机交互迭代，创作过程中意图输入与技术执行的动态交织使得权属认定难以简单切割。法学界探索的贡献度量化评估方法试图通过分解创作环节确定权利归属，但面临创意构思与技术实现难以精确剥离的操作困境。教育机构在制定 AI 使用规范时遭遇价值平衡难题：过度限制技术应用可能抑制教学创新，放任使用又需承担版权争议风险，这种两难处境倒逼管理智慧升级。

2. 跨国教学合作中的法律适应性挑战

跨国教学合作中的版权问题因法域差异更趋复杂，不同司法体系对AI生成内容的认定标准分歧要求教育者提升跨文化法律素养。深层矛盾指向知识产权制度的教育适应性改革需求，亟待构建既保护原创动力又促进技术融合的弹性规则框架。学术界提出的阶梯式版权构想尝试根据AI参与程度划分权利层级，这种动态确权模式为教学实践提供了新思路。教育者角色正经历从知识传授向伦理引导的转型，需着重培养学生对AI创作产出的权利认知与合规应用能力。技术供应商的用户协议中潜藏的版权让渡条款暴露出商业逻辑与教育公益的价值冲突，这种制度裂隙亟待政策调节。根本性解决方案可能需要突破传统版权思维，建立基于贡献证明与利益共享的新型分配机制，这种机制需在承认技术价值与保障人文权益之间寻求动态平衡，其建构过程本身将成为数字时代视觉传达教育的核心教学内容。

（二）认知替代：工具使用对设计思维钝化的风险

1. 技术依赖对造型能力的消解

人工智能工具在设计教育中的普及应用正在悄然改变视觉传达领域的认知范式，这种技术便利背后潜藏着思维品质退化的隐性危机。设计思维作为创造性问题解决的系统能力，其培养过程本应包含试错探索与认知跃迁，而AI工具的预设算法可能将这一复杂过程简化为参数调节的技术操作，导致学生认知维度趋向扁平化发展。对工具依赖性的加剧可能弱化基础造型能力的训练价值，当数字生成技术可瞬时实现传统需要长期磨炼的技法表现时，教育者必须重新审视技能训练的教学权重。概念生成阶段的智能辅助可能压缩思维发散空间，算法推荐的高效性在提升完成作业速度的同时可能抑制设计探索的多样性，这种效率优先的工具理性正在重构设计教育的价值坐标。

2. 算法逻辑与人类隐喻思维的博弈

隐喻思维能力的式微值得警惕，AI工具基于数据关联的逻辑推演难以替代人类特有的跨域类比能力，而这种非线性思维恰是创新设计的认知基石。教学观察显示过度依赖智能工具的学生在方案阐释时往往暴露系统思维的断裂，这种表达能力的退化实质映射出思维结构的简化趋势。工具界面的人性化设计可能诱发认知舒适区依赖，当学生习惯可视化参数调节的操作模式时，其抽象思维与空间构想能力可能产生渐进性退化。教育者面临构建技术应用与思维培养辩证关系的专业挑战，既要顺应技术革新潮流又需坚守设计教育的核心育人价值。认知弹性培养成为新教学重点，通过设置阶段性“技术戒断”训练促使学生回归传统媒介以维持思维多样性。课程体系需要融入批判性技术应用模块，培育学生对智能方案的评估和优化能力，这种能力将成为人机协同时代设计师的核心素养。教学评价标准应强化思维过程可视化考核，借助设计日志、认知图谱等工具追踪学生的思维发展轨迹。工具伦理教育需与技术教学同步推进，引导学生清醒认识 AI 的能力边界与认知局限，这种反思意识的建立是抵御思维钝化的关键防线。技术哲学视角下的教育革新要求重新界定“创造力”内涵，在善用智能工具的同时坚守人类思维的不可替代性，这种价值重构将决定未来设计教育的本质属性。

（三）创作主权：人机协作中的主体性界定

1. 作者身份的碎片化与主体性界定

人工智能深度介入设计流程引发的创作主体性危机，本质上反映了技术介入突破人类控制临界点的伦理警示。传统创作理论确立的明确作者身份，在人机协同创作场景下面临解构与重构的双重挑战。主体性界定的核心困境在于如何客观评估人类创意与算法贡献的相互作用机理，这种评估需要突破简单因果关系的线性思维定式。教育实践中普遍存在的“创意输入 + 技术实现”协作模式，模糊了构思与执行的固有边界，导致作品人格化特征呈现碎片化分布。法律领域提出的“实质性贡献”判定标准在教学场景中遭遇操作困境，因学生的设计思维发展本就具有渐进性与迭代性特征。主体性危机在更深层面表现为创作动机的异化风险，当 AI 工具能够快速生成符合商业诉求的方案时，可能诱使学生放弃深度思考而选择技术捷径。

2. 技术透明性对创作动机的干预

教育者的责任在于构建人机协同的伦理框架，明确不同创作阶段的主体控制权分配，这种分配需兼顾教学效率与思维发展双重目标。创作过程的可视化记录成为界定主体性的重要依据，通过追踪设计日志中的决策节点来分析人类意志的主导程度。主体性教育需要培养学生的技术批判意识，使其在人机协作中保持清醒的创作主权认知，这种意识培育构成数字时代设计伦理教育的重要内容。学术界提出的梯度主体性概念为教学实践提供新思路，主张根据 AI 介入程度动态调整创作主权认定标准。教育评价体系需要创新主体性评估维度，建立涵盖创意来源、决策路径、修改权重等的复合评估模型。技术透明性要求成为维护创作主权的基础前提，学生必须充分理解所用 AI 工具的工作原理与数据来源，这种知情权是行使创作主权的根本保障。在跨学科合作常态化的背景下，创作主体性界定还需协调不同专业参与者的权益诉求，这种协调能力本身已成为现代设计师的核心素养。教育革新方向指向主体性认知的重构，引导学生建立“技术驾驭者”而非“工具使用者”的主体定位，这种认知转变将决定人机协作关系的健康发展，最终在技术创新与人文价值间建立可持续的平衡机制。

（四）评估困境：原创性判断标准的范式转型

1. 创新密度评估体系的构建

人工智能技术的广泛应用正在引发设计教育原创性评估标准的根本性变革，这种变革推动评估体系进行深层的范式转换。原创性概念的核心从形式创新转向思维创新，评估重心从视觉成果的独特性转向创作过程的创造性，这种转变要求教育者重构评价认知框架。算法生成引发的“相似性困境”暴露出传统评估工具的局限性，当技术可批量生成海量差异化方案时，形式层面的新颖性评判失去原有意义。教育评估需要建立创新密度新指标，通过解析设计过程中的思维跃迁频率与问题解决效度来判定原创价值，这种转向实质是对设计教育本质的回归。传统查重机制在 AI 生成内容面前完全失效，倒逼教育者研发基于创作轨迹分析的新型认证系统，这种系统需整合过程数据与思维演进证据。跨文化认知差异加剧原创性评估的复杂性，不同文化背景对创新性的理解偏差要求评估标准具备文化包容性。教育实践中探索的“创新能谱”模型尝试将原创性分解为多维指标，通过动态权重配置反映不同设计类型的价值取向，这种弹性框架更适应技术变革的教学需求。评估主体的多元化重构成为必然趋势，引入跨领域专家与智能算法共建评估决策机制，这种混合模式兼顾人类直觉与数据研判优势。

2. 动态评估机制的文化适配性

动态评估机制的建设具有关键意义，原创性标准需随技术发展进行周期性校准，保持评估工具与行业创新同步进化。教育者需引导学生建立正确的原创性认知，理解技术创新应增强而非削弱人类创造力的价值辩证关系。元评估体系的建立保障评估标准本身的科学性，通过定期反思评估工具的有效性来维持其教育指导价值。评估伦理问题日益凸显，需建立防范技术滥用的人工智能监督机制，确保评估过程免受算法偏见的干扰。终极目标是构建技术前瞻性的评估生态系统，这种系统能兼容人类创造力与人工智能的创新潜能，在维护学术诚信的同时促进技术赋能的教育创新，这种平衡建构需要教育者在技术理性与人文关怀间找到适切的支点，最终推动设计教育评估体系完成数字文明语境下的范式转型。

（五）教育责任：技术滥用背后的教学引导缺失

1. 工具依赖导致的能力表层化

智能生成技术的快速渗透正在重塑视觉传达设计教育的生态格局，教育工作者在享受技术红利的同时，更需警惕技术滥用带来的教学引导责任弱化现象。教学实践中出现的工具依赖倾向往往表现为将创作流程简化为机械的参数调试，这种操作模式虽然提升了效率，却使设计思维训练陷入表面化困境。当学生过度依赖算法生成创意方案时，其独立设计能力与问题解决意识面临退化风险，这种趋势暴露出教育主体在技术应用指导层面的滞后性。教师角色需要从单纯的知识传授者转变为技术应用的引导者，在效率追求与能力培养之间建立动态平衡机制。这种角色转型要求教育者深入理解智能工具的特性与局限，例如将文本生成图像技术定位为思维拓展的催化剂而非创作主体，通过明确的技术应用边界设定防止能力培养目标的偏移。

2. 课程体系的技术伦理重构需求

课程体系有必要融入技术伦理维度，帮助学生建立对智能工具的批判性认知，使其既能有效利用技术优势，又能保持独立的设计判断力。教育评价标准应当由结果导向转为过程导向，着重追踪学生从创意萌芽到方案落地的完整思维轨迹，这种转变能够有效抑制技术滥用倾向，促使学生回归设计能力的本质成长。教学责任的重构本质上是对教育本质的再思考，既要适应技术变革带来的教学方式革新，更要坚守设计教育培养创新人才的核心使命，在工具理性与价值理性之间找到可持续发展的平衡点。

二、技术赋能与人文坚守的协同路径

（一）过程透明：算法黑箱对教育公平的威胁

1. 技术黑箱与评价公正性危机

智能技术的算法不透明特性正在形成教育公平的新障碍，这种算法黑箱现象可能导致教学评价体系出现结构性偏差。当学生作品的生成过程缺乏可追溯性时，教育者难以准确评估其真实设计能力，这种情况可能引发学术诚信危机并削弱教育评价的公信力。解决这一困境需要构建技术透明的双重保障机制：从技术层面要求开发方提供创作路径的可视化追溯功能，使算法决策过程具备可解释性；从教育层面建立混合式评价体系，将技术生成内容与传统创作要素进行交叉验证。

2. 透明化机制与资源公平保障

教学机构应当推动技术供应商开放基础算法框架，使师生能够理解工具的核心逻辑，这种认知基础的建立有助于消除技术神秘感带来的能力误判。在教学设计中需要特别关注资源获取的公平性问题，避免因设备配置差异导致学生能力评估偏差，这要求教育机构制定统一的技术准入标准并配套相应的教学支持措施。数字时代的教育公平维护需要突破单纯的技术供给思维，通过建立透明化的教学环境与可验证的评价机制，使技术应用真正服务于教育公平目标的实现。这种系统性改革既是应对算法黑箱挑战的必然选择，也是维护教育伦理底线的关键举措。

（二）技能重构：从手工执行到批判性思维的转向

1. 技能体系转型与思维培育重心迁移

技术革新引发的技能体系转型正在推动设计教育进行价值层面的深度变革，传统技能训练的重心逐渐从手工操作转向思维能力的立体化培育。这种转变不是对传统技能的简单否定，而是在技术赋能背景下对设计能力结构的重新定义，要求学生具备对智能产出的批判性审视与创造性重构能力。教学重心需要转向培养学生具有技术策展意识的设计思维，使学生能够精准识别算法生成的模式化缺陷，并在此基础上进行创造性优化。这种能力转型倒逼课程体系进行结构性调整，在保留必要基础训练的同时，增设技术伦理辨析、人机协作策略等新型知识模块。教师需要创新教学方法论，设计具有人机交互特征的项目式教学，例如在AI生成方案基础上开展逆向工程训练，这种教学策略能够有效促进技术工具与设计思维的深度融合。

2. 逆向工程训练与评价维度突破

评价体系应当突破视觉呈现的单一维度，重点考查学生对技术产出的改造深度与创新价值，这种导向转变有助于引导学生建立正确的技术认知观。教育转型的终极目标在于确立人类设计思维的主体地位，使智能工具回归辅助决策的技术本位，这种定位不仅关乎设计教育的当代价值实现，更是维系人类创意主权的重要保障。

（三）创意基因：人类设计师的不可替代性维度

1. 生物智能优势与算法博弈焦点

智能时代的创意竞争本质上是人类独特认知优势与技术效能的博弈，教育者需要着力培育那些无法被算法复制的核心创意能力。人类设计师的生物智能特性表现为跨领域联想、文化情境感知与情感价值传递等维度，这些能力构成了区别于机器生成的核心竞争力。教学创新应当聚焦于激活学生的具身认知潜能，通过情境化教学强化其对现实世界的敏锐感知，这种基于生活体验的创意孵化机制是当前技术难以模拟的。课程设计需要强化文化解码能力的培养，使学生能够洞察特定社群的深层审美需求，这种文化理解力的培育需要长期的人文积淀而非数据训练。

2. 具身认知激活与文化解码能力培育

设计伦理教育的重要性在技术环境中愈发凸显，它能培养学生平衡商业诉求与社会价值的决策能力，这种复杂价值判断远超算法的运算范畴。跨学科协作机制的建立能够激发突破性创新思维，这种开放式知识融合产生的创意火花与AI的封闭式生成模式形成本质差异。教育者需要引导学生建立正确的技术认知框架，既要善用智能工具拓展创意边界，更要坚守人类在战略构思与文化创新中的主体地位。这种教育理念的贯彻实施决定着设计人才在智能时代的核心竞争力，也是设计教育体系应对技术变革的价值根基。

第二节 技术依赖与人文精神培养的平衡策略

一、数字工具与人文精神的融合路径

（一）价值锚点：技术理性与人文关怀的对话机制

1. 文化语境在技术教学中的渗透

视觉传达设计教育在数字化工具的深度介入下面临着技术理性与人文关怀的平衡难题，这一矛盾关系构成了教学创新的核心挑战。智能技术带来的效率提升往往以人文精神培养的弱化为代价，这种价值偏移需要通过建立双向对话机制进行矫正。技术工具自带的量化思维模式容易将设计教育导向标准化陷阱，导致学生的创意表达被算法逻辑所束缚，这种困境要求教学改革必须重新确立人文价值的引领地位。构建技术应用的价值锚点需要从教学目标入手，将人文关怀要素转化为具体的教学实践指标，使数字工具的应用始终服务于文化传承的根本目标。教师需要创新教学方法，将情感体验与社会责任等软性素养的培养融入技术应用的全过程，帮助学生在掌握数字技能的同时保持对人性化设计的敏感度。这种价值平衡机制的本质在于重构技术应用的认知框架，使工具理性与人文精神形成动态制衡，既需要教育者突破技术至上的思维惯性，又要求课程体系建立持续的价值校准机制，通过灵活调整教学策略确保技术赋能与人文滋养的协调发展。

2. 复合评估体系的价值导向设计

技术课程中应当融入文化语境分析的常态化训练，使学生理解不同文化场域对数字工具的适配性要求，这种认知深化能够帮助学习者在技术应用中主动注入人文思考，避免设计思维陷入机械复制的僵化模式。教学评价标准的革新同样至关重要，需要建立兼顾技术完成度与人文价值的复合评估体系，这种导向转变能够促使学生在创作过程中自发进行价值权衡，最终形成技术应用与人文关怀的良性互动机制。

（二）课程重构：技术课程中的人文模块植入

1. 跨学科资源整合的教学实践

技术类课程的转型升级是平衡数字工具与人文精神的关键路径，这需要教育者打破传统课程的知识壁垒，在技术训练中构建具有渗透性的人文培育系统。当前数字技术课程普遍存在的技能本位倾向，往往将教学重点局限于软件操作与效果实现层面，这种单一维度的培养模式亟待通过与人文要素的有机融合实现突破。有效的课程重构应当遵循技术载体与人文内核的整合原则，在技术教学过程中自然渗透文化解码与社会责任感等核心素养的培养。教学内容的革新需要体现在知识结构的系统性设计上，将地域文化特征、用户情感需求等软性知识模块嵌入技术操作流程，使学生在参数调试时同步考虑文化适配性与情感共鸣度。这种融合式课程设计要求教师团队突破学科界限，开发跨领域的教学资源体系，将人文知识转化为可融入技术教学场景的实践单元。

2. 双重评估标准的实施策略

评价体系的配套改革同样不可或缺，需要建立兼顾技术效能与人文价值的双重评估标准，这种导向转变能够促使学生形成技术应用的价值自觉，在掌握数字工具的同时培育文化关怀意识。课程重构的深层价值在于突破工具理性的局限，使技术训练成为人文精神传承的载体，这种转变既需要教育者具备跨学科的教学设计能力，又要求教学机构提供相应的资源支持，通过持续的教学实践探索，最终实现技术能力与人文素养的协同发展，为数字时代的设计教育开辟具有文化深度的创新路径。

（三）批判训练：数字工具的反思性使用教育

1. 技术解构能力的培育路径

应对技术依赖的关键在于培养学生的批判性技术观，这需要通过系统化的反思训练重塑其数字工具使用范式。当前教学中普遍存在的工具主义倾向，往往将技术应用简化为功能实现手段，忽视了对技术社会影响的深度思考。有效的批判训练应当贯穿技术教学全过程，帮助学生在掌握工具操作的同时形成独立的价值判断能力。这种训练的核心目标是培育兼具技术解构能力与设计思维的学生，使其能够洞察算法系统潜藏的文化偏向性，并在创作中有意识地矫正技术固化的表达模式。教学策略需要突破传统的单向传授模式，创设具有思辨特征的实践情境，引导学生在技术应用中保持清醒的认知立场。

2. 逆向思维训练的应用场景

评价维度应当增加技术批判性应用指标，重点考查学生对工具局限性的认知深度及改进策略的有效性。这种教育转型的深层价值在于确立学习者的主体地位，使其从技术的被动使用者转变为主动策展人，这种角色转换不仅能够抵御技术异化的风险，更能激发具有人文温度的创新思维。批判性技术观的培养需要教育者创新教学方法，例如在技术应用过程中嵌入逆向思维训练，要求学生分析工具预设的逻辑框架及其对设计决策的潜在影响。通过持续的技术反思实践，学生逐渐建立起对数字工具的辩证认知，既能够有效利用技术优势提升创作效率，又能保持独立的设计判断力，这种能力平衡是数字时代设计师的核心竞争力所在。

（四）情感计算：技术冰冷性与设计温度感的调和

1. 人机协同的情感表达模式

在智能技术深度渗透设计实践的今天，破解技术冰冷性与人文温度感的矛盾成为教学创新的重要突破口。算法驱动的情感计算技术虽然能够模拟人类情感表达，但其程式化输出往往缺乏真实生活体验的细腻质感，这种技术局限恰好为人类设计师保留了独特的价值空间。教育者需要构建技术理性与情感智慧融合的培养体系，使学生在掌握数据分析能力的同时，保持对人性化设计的敏锐感知。教学创新应当着力开发人机协同的情感表达模式，通过技术手段捕捉用户情感数据，再经由人文视角进行深度解读与创意转化，这种双向互动机制能够有效弥合技术精准性与情感模糊性之间的鸿沟。课程设计需要创设新型教学场景，将情感体验的量化分析与人文洞察的质性研究相结合，培养学生将技术数据转化为人性化设计语言的能力。

2. 共情能力导向的评价改革

评价标准应当建立情感传递效度指标，重点考察作品引发共情的能力，而非单纯的技术完成度。这种教学探索的终极目标在于确立情感智慧在设计教育中的核心地位，使技术应用成为传递人文价值的创新媒介而非冰冷工具。教育者需要引导学生理解情感计算的技术边界，在利用算法分析用户情感特征的同时，注重保留设计作品的人性化温度，这种平衡能力的培养需要将技术训练与人文熏陶有机结合，通过持续的设计实践使学生领悟技术工具与情感表达的辩证关系，最终形成具有温度感的数字设计思维，为智能时代的设计创新注入不可替代的人文价值。

（五）文化传承：数字媒介中的本土语境维护

1. 文化基因解码的教学设计

视觉传达设计教育在运用数字媒介时面临文化传承的深层挑战，全球化数字工具的普及使得维护本土语境独特性成为教学改革的核心课题。数字技术标准化特征容易导致设计表达趋同化，这种文化稀释现象要求教育者建立具有文化免疫力的教学机制。本土语境维护需要从文化认知源头入手，在数字技能训练中植入地域文化基因解码能力，使学生在通用设计软件使用过程中自觉融入本土视觉符号系统。教学策略需突破技术工具文化中立的表象，通过对比分析不同文化场域的数字设计案例，揭示算法推荐系统隐藏的文化偏向性。课程体系需要构建动态文化过滤机制，在参数化设计教学中增加传统纹样数字化转译训练，帮助学生理解现代技术语言与传统文化对话的可能性。

2. 地域文化识别度的评价创新

评价标准革新需增加地域文化识别度指标，引导学生兼顾数字媒介使用与文化传承责任。教育者需探索文化传承的数字路径，开发融合传统美学原则的插件工具，使本土文化要素自然嵌入现代设计流程。这种文化自觉的培养要求突破技术至上思维，在数字工具应用中强化文化主体意识，通过持续的本土语境浸润，使学生的数字作品既符合技术标准又承载文化身份认同，最终实现数字媒介与文化传承的协同发展。文化传承不是简单的符号移植，而是要在数字工具底层逻辑中构建文化认知框架，使学生在技术操作时自动触发文化判断机制，这种深层融合需要教学体系建立文化基因的数字化表达范式，通过反复训练形成技术应用的文化条件反射，将本土语境维护转化为设计思维的本能反应，为全球化数字浪潮中的文化多样性保存提供教育解决方案。

二、技术理性与人文精神的融合路径

（一）审美教育：算法推荐外的美学判断力培养

1. 算法茧房与审美窄化干预

算法推荐系统正在重构设计教育的审美生态，突破算法茧房、培养独立美学判断力成为教学创新的关键任务。技术平台构建的审美同温层容易导致学生陷入风格复制的舒适区，这种审美窄化现象亟须教学干预。审美自主性的培养需要重新定位算法推荐系统，将其视为参考资料库而非标准答案库。课程设计应建立算法解构训练模块，引导学生剖析推荐机制背后的商业逻辑与文化预设，这种认知祛魅有助于建立批判性的技术使用态度。教学实践中需创设去算法化的创作情境，通过限制数字工具使用范围激发原生创意表达，此类约束训练能强化学生的审美主体意识。审美判断力培养应贯穿技术应用全过程，在数字渲染教学中融入传统美学原则阐释，使技术呈现始终服务于审美价值传递。

2. 独立判断体系构建路径

评价体系革新需降低算法生成方案的评分权重，重点考察原创构思与审美逻辑完整度。教育者需构建技术时代的审美坐标系，通过跨文化视觉比较拓宽学生美学视野，这种开放性教育能抵御算法推荐导致的认知固化，培养出兼具数字技术能力与独立审美品格的设计人才。审美教育的本质是恢复人类感知世界的原生能力，在算法包围中开辟自主审美空间，这需要教学过程中建立技术工具与审美直觉的对话机制，通过对比数字生成方案与手工创作差异，引导学生理解算法审美的局限性，在技术应用中保持对形式美感的独立思考，最终形成超越算法框架的审美判断体系。

（二）伦理实验室：技术决策的模拟情境训练

1. 伦理风险可视化教学机制

数字技术伦理风险防控需要转化为可视化教学实践，构建技术决策模拟场景成为培育伦理意识的有效路径。智能工具的技术黑箱特性容易导致学生忽视设计决策的伦理后果，这种认知盲区需要通过情境化教学进行干预。伦理实验室应聚焦真实行业场景的数字化模拟，让学生在数据驱动设计中体验隐私保护与商业利益的博弈困境。教学策略需突破伦理说教的传统模式，运用决策树工具呈现技术选择的多重后果链，这种可视化推演能强化学生的责任认知。课程设计应建立技术伦理渐进培养体系，从基础工具权限认知到复杂系统价值权衡，形成螺旋上升的伦理思维能力。

2. 责任认知强化训练策略

评价标准需纳入伦理决策追踪评估，重点考察设计方案的社会影响预判能力。教育者需开发具有反思特征的实训平台，在参数调整界面嵌入伦理提示系统，这种即时反馈机制能培养技术应用的条件反射式伦理考量。通过持续情景模拟训练，学生逐渐建立技术决策的伦理预判能力，这种素养培育既是对行业需求的回应，更是设计教育履行社会责任的必然选择。伦理实验室的本质是建立技术应用的道德镜像，让学生在虚拟环境中直观感受设计决策的社会涟漪效应，通过反复的伦理推演训练，将抽象的道德准则转化为具体的技术选择标准，在数字工具使用过程中自动触发伦理审查机制，为技术时代的创作实践构建人文价值的防护体系。

（三）逆数字化：手工实践作为思维矫正工具

1. 数字依赖与思维浅层化纠偏

数字化浪潮中重估手工实践的思维矫正价值成为平衡技术依赖的重要策略。数字工具便捷性容易导致设计思维表面化，这种认知浅层化需要通过返璞归真的手工训练来纠偏。手工实践介入不是否定数字技术，而是构建互补共生的教学生态，通过材料触感与制作延时激活深层创作思维。课程体系需建立数字与手工循环训练模块，在数字方案定型后进行实体模型再创作，这种逆向推演能揭示虚拟设计的认知盲区。教学策略应挖掘手工过程的认知价值，在传统工艺中提炼空间思维与材料智慧的现代转化路径。

2. 具身认知补偿训练模式

评价标准需提升手工实践过程权重，重点考察实体制作中的问题解决能力。教育者需创新手工实践教学形态，开发融合数字检测的传统工艺课程，使学生在测量精度与手工误差的张力中理解技术应用边界。逆数字化训练的本质是重建设计思维立体维度，通过物理世界的具身认知补偿数字创作扁平化倾向。手工实践培养的不仅是制作技能，更是对物质属性的深刻理解，这种认知能矫正数字工具带来的虚拟化偏差，使学生在回归实体创作时重新获得空间感知与材料对话能力。这种训练模式要求教学体系建立数字与手工的辩证关系认知，通过交替训练强化学生对两种创作方式的本质理解，最终培养出既能驾驭数字工具又保持手工智慧的设计师，为技术时代的创作实践保存不可或缺的人文触觉。

第三节 数字公平性：教学资源分配的全球差异

一、接入鸿沟：技术基础设施的地域性差异

1. 设备性能与网络环境的区域失衡

视觉传达设计教育在转向数字化过程中面临技术设施分布不均带来的公平性问题，不同地区间的数字资源获取差异直接影响教学资源分配的合理性。经济较发达区域普遍配备高性能的设计工具与稳定的网络环境，而条件不足的地区往往受限于基础设备短缺，这种技术条件的分化使得学生在接触数字教育资源时存在显著落差。随着教学过程中对数字工具的依赖程度不断提升，硬件条件薄弱的院校在开展设计课程时面临操作层面的现实阻碍，这种技术性障碍进一步拉大了不同区域教育质量的差距。设施差异不仅存在于计算机硬件等有形设备，更体现在技术维护与更新这类持续性支持层面，部分地区因缺乏设备维护能力导致数字教学工具逐渐丧失实际效用。解决这一问题需要探索适配性更强的技术方案，例如开发对硬件要求较低的轻便软件或搭建云端协同工作环境，这类方案能在有限条件下维持基本教学功能。政策设计层面应着力构建跨区域的资源共享体系，通过灵活调配技术设备提高资源流动效率。实现数字公平不能仅依靠硬件数量的简单叠加，而应构建包含技能培训、资源互通、课程适配的系统性方案，通过不同维度的技术赋能逐步缩小地域间的数字落差，为教育均衡发展创造基础条件。技术

赋能的本质在于消除工具使用门槛而非单纯堆砌设备数量，这要求教育机构重新审视技术部署策略，将资源投入与教学需求精准对接，在有限条件下使技术效用最大化，通过创造性使用现有资源构建可持续的教学支持体系，让不同地区的学生都能在适合自身条件的技术环境中获得平等发展机会。

2. 认知代差：数字移民教师的技能升级困境

教师群体在数字化教学转型中呈现的能力断层已成为阻碍教学改革的重要因素，不同代际教师的技术适应能力差异直接影响课程实施效果。长期采用传统教学方式的教师面临数字工具应用的多重挑战，这种能力差距既延缓了课程内容的更新速度，也导致教学演示环节出现技术脱节现象。技能提升困难源于技术更新频率与教师学习效率之间的不匹配，新型工具的快速迭代使部分教师产生持续性学习焦虑。教育机构需设计循序渐进的培训机制，将复杂数字技能拆解为可逐步掌握的知识单元，通过教师协作学习减轻技能转换的心理负担。教学评价体系应兼顾传统经验价值与技术应用激励，在认可既有教学成果的基础上创造技术探索的友好环境。资深教师的教学智慧与数字技术的结合点需要重点挖掘，例如将传统设计思维转化为数字创作的教学策略。实现这种代际能力转化需要建立长期稳定的技术支持系统，通过持续的技术指导与资源供给帮助教师克服技术恐惧，最终形成传统经验与现代技术相融合的教学模式。技能升级不是对过往教学经验的否定，而是通过技术赋能扩展教学手段的维度，这需要教育管理者构建宽容的技术应用氛围，允许教师在适应过程中保留个人教学特色，在技术工具与教学风格之间找到平衡点，逐步完成从技术焦虑到技术自信的转变过程。

3. 文化偏见：全球化平台的本土化适配缺失

国际通用设计软件内置的文化特征正潜移默化地影响着视觉教育的审美标准，全球化工具与本土文化环境的冲突导致教学中出现文化适配难题。主流设计工具的默认素材库往往反映特定文化背景，这种潜在的文化导向限制着地域特色的视觉表达。教学中过度依赖国际软件容易导致学生形成文化模仿惯性，本土设计语言的创新可能性在技术框架束缚下逐渐萎缩。教育者需培养对技术工具的文化反思能力，在软件教学中增加文化解码训练环节，引导学生识别并突破预设的文化边界。课程建设应加强本土视觉元素的数字化整合，通过建立地域特色资源库提升技术平台的文化兼容性。软件开发商需要加强与教育机构的合作，根据教学需求优化工具的文化适配功能。实现文化兼容不仅是界面语言的转换，更是设计思维层面的双向调适，这需要在技术应用过程中建立文化自觉意识，在全球化工具框架内探索本土文化创新的可能路径。文化适配的本质是保持技术工具的中立性与文化表达的自主性之间的平衡，教育者应当引导学生理解技术工具的局限性，在掌握国际通用技能的同时保持对本土文化的敏感度，通过创造性使用技术工具实现文化传承与创新的有机统一，使数字技术真正成为文化表达的助力而非束缚。

4. 资源垄断：优质数字教材的版权壁垒问题

数字教学资源的产权保护机制正在形成新的知识传播障碍，商业机构对优质内容的市场控制加剧了教育资源分配的两极分化。高价数字教材的访问限制将经济条件薄弱的院校隔绝在优质资源之外，这种知识获取壁垒严重损害了教育公平原则。版权保护与知识共享的平衡关系需要重新考量，过度商业化的资源控制模式已影响教学创新的基础环境。教育机构应积极开拓替代性资源渠道，例如构建开放共享的教学资源平台或推动院校间的资源协作计划。政策制定需要为教育用途的知识传播设立特别通道，在保护创作者权益的同时保障教学资源的可及性。提升教师自主开发教学资源的能力同样重要，通过强化本土化内容创作，减少对外部资源的依赖性。破解资源垄断需要建立多方协作的创新机制，在维护知识产权的前提下探索教育资源开放共享的有效路径，这既是教育公平的内在要求，也是专业教育可持续发展的必要保障。知识共享不是对知识产权的否定，而是寻求教育公益与商业利益的合理平衡，这需要建立更灵活的资源使用规则，允许教育机构在特定范围内合理使用优质资源，同时通过激励机制鼓励原创内容生产，构建良性循环的教育资源生态体系。

5. 评估失衡：标准化测试对弱势群体的偏见

视觉传达设计教育中的数字化评估体系正面临标准化测试引发的公平性争议，统一的数字评测标准往往未能充分考量不同学习群体在文化背景与认知方式上的差异性。技术主导的自动评分系统依托预设算法对设计作品进行机械化评判，这种评估模式容易放大弱势群体在技术适应能力方面的劣势。数字测试工具内嵌的审美标准通常体现主流文化的价值取向，导致非主流文化背景的学生的创意表达在评分过程中遭遇系统性偏差。评估指标对硬件设备性能的隐性要求进一步加剧了评估结果的不平等性，使用陈旧设备的学生在作品呈现效果层面处于天然劣势地位。教育机构有必要重新检视数字评估系统的内在价值导向，在算法构建过程中融入多元文化视角，借助动态权重调节机制平衡不同群体的表达特征。评估标准的制定需建立更具包容性的框架体系，在核心能力指标之外保留适应文化差异的弹性评价维度。技术开发方应当提供可配置的评估模块，赋予教育者根据实际需求调整评价参数的自主权限。解决评估失衡问题的关键在于构建人机协同的新型评价机制，将算法的高效性与教师的专业判断力有机结合，在保证评估客观性的同时为文化多样性预留生长空间。评估改革的根本目标并非追求形式上的绝对公平，而是建立能够识别差异并进行动态补偿的适应性机制，通过技术手段与人文关怀的协同作用，使评估体系转化为促进教育公平的积极力量而非制约因素。这种改革需要教育者与技术开发者持续对话，在保持评估科学性的前提下拓展文化包容的边界，使数字化评估工具真正服务于教育公平的价值追求，为不同背景的学生提供展现创造力的平等舞台。

二、伦理责任与可持续发展：数字教育转型的多维挑战

1. 伦理输出：数字教育产品的文化价值观渗透

数字教育工具承载的隐性价值体系正在无形中重塑视觉传达教育的伦理认知结构，商业教育产品内嵌的文化逻辑对教学实践产生深远影响。技术平台通过界面设计风格、案例库选材偏好、操作流程设定等细节渗透特定价值取向，这种隐性的文化传导机制可能导致教学价值观趋向单一化发展。教育者在选择数字工具时往往优先考量其功能实用性，忽略对其内含伦理导向的深度审视，致使外部文化价值观通过技术载体渗入教学核心环节。教学过程对标准化模板的过度依赖可能抑制学生对社会议题的独立思考能力，工具预设的视觉表达范式形成无形的创作桎梏。教育机构亟须建立数字教育产品的伦理审查机制，在技术采购环节增设文化价值观评估维度。课程设计应当强化学生的媒介批判意识，在技术应用训练中嵌入价值解构练习。技术开发者需提升教育产品的伦理透明度，明确标注工具内嵌的文化预设参数。教学实践需要构建技术应用与价值反思的良性互动机制，将工具使用过程转化为伦理思辨能力的培养载体。治理伦理输出问题的核心在于

保持教育的主体性地位，通过主动的价值筛选与重构过程，将技术工具转化为文化自觉教育的实践场域。这种转化要求教育者具备双重能力：既精通数字技术应用，又保持对文化价值的敏锐判断。在教学设计中创设价值辨析的讨论空间，引导学生认识技术工具的文化局限性，培养在数字环境中保持文化主体性的关键能力，使技术应用过程成为文化传承与创新的桥梁而非障碍。

2. 可持续性：技术更新与设备淘汰的环保矛盾

教育数字化转型进程中，技术迭代速度与环境保护需求形成显著冲突，硬件设备的快速淘汰周期产生大量电子废弃物与资源损耗。教学机构为维持技术先进性采取追赶式设备更新策略，这种发展模式忽视了设备全生命周期的环境成本核算。高性能设计软件对硬件配置的严苛要求加速了设备报废节奏，院校在追求教学效果与履行环保责任之间陷入两难困境。化解这种矛盾需要重构技术更新策略，通过延长设备服役周期与优化软件兼容性降低硬件依赖程度。教育机构可建立设备分级使用制度，将淘汰设备改造为辅助教学工具，延续其使用价值。技术供应商需开发低能耗的轻量化软件版本，为老旧设备提供持续性技术支持。可持续教育理念要求将环保意识贯穿技术应用全流程，在数字技能教学中增加资源循环利用的实践内容。设备采购环节应引入全生命周期评估体系，综合考量技术性能与环保指标的双重效益。构建绿色数字教育生态需要转变“求新求快”的技术认知定式，建立教学需求与环境责任相平衡的可持续发展观。这种转型不仅需要技术层面的创新突破，更需要管理机制的配套改革，例如建立设备共享平台促进资源集约化利用，开发云端渲染技术降低终端硬件负荷，通过技术创新与管理优化的协同作用，实现教育现代化与生态保护的共生共荣。教育机构应当将环保理念融入课程体系，培养学生对技术应用的环境责任感，使可持续发展意识成为数字时代设计师的核心素养。

3. 数字包容：特殊群体的定制化教学方案

技术驱动的教育创新需要直面特殊群体的学习障碍问题，通用化数字教学方案往往难以满足有视听觉障碍、认知差异等特殊学习者的个性化需求。主流教育软件的交互设计默认面向普通学习者群体，这种设计逻辑将特殊群体置于数字化学习的边缘位置。界面设计的视觉复杂度与操作流程的认知负荷构成双重屏障，使特殊学习者在数字环境中面临更严峻的参与挑战。教育机构应当推动无障碍设计原则的全面应用，在数字工具开发初期即纳入包容性设计考量。教学平台需配备多模态交互功能，通过语音控制、触觉反馈等辅助技术拓宽学习通道。课程资源建设应遵循通用学习设计理念，提供可调节的学习进度与多样化的内容呈现方式。教师培训体系需要强化特殊教育技术模块，提升教师实施差异化教学策略的专业能力。实现数字包容的本质在于重构技术的人性化维度，通过技术手段弥合因生理差异造成的教育鸿沟。这种重构要求技术开发者与教育者建立深度协作关系，在工具设计中融入对特殊需求的系统性响应，例如开发智能适配系统，根据学习者特征自动调整界面参数，构建多感官联动的交互体验。教育公平的真正实现不仅依赖技术适配，更需要建立尊重差异的教学文化，使技术赋能成为支持个性化发展的弹性支架。这需要从教育理念层面确立包容性价值观，在教学设计中预留个性化调整空间，构建灵活多元的评价体系，使每位学习者都能在数字教育生态中找到适合自身特点的发展路径，技术工具由此转化为促进教育公平的催化剂而非新的排斥机制。

第二部分

教学体系的创新实践

第四章 模块化课程体系重构

Chapter 4

第一节 基础能力层：动态字体设计与交互原型开发

一、动态设计基础：工具认知与运动逻辑构建

（一）动态字体设计基础工具认知

1. 工具认知体系构建

动态字体设计作为视觉传达教学的基础环节，需要从数字工具的本质特征出发构建认知体系。教学过程中应当系统梳理当前主流设计软件的功能架构，着重比较不同工具在动态字体创作中的适用场景与效能差异。矢量图形软件的基础操作原理需要结合视觉传达规律进行讲解，通过界面元素的功能映射训练学生的空间想象能力。在参数化设置的教学中，应当揭示数值调整与视觉形态变化的对应关系，例如锚点坐标的细微变动对字体骨骼结构的重塑作用。动态效果生成工具的学习需突破静态思维定式，将时间轴概念与运动规律认知有机融合。教师在演示工具操作时应注意避免技术崇拜倾向，始终强调工具服务于设计意图的基本原则。

2. 技术适应与批判性思维培养

工具认知的深层价值在于培养技术适应性，使学生面对新兴设计软件时能够快速识别核心功能模块。这种能力的形成需要将工具操作与设计思维训练相结合，在案例研讨中拆解工具特性与创意表达的互动逻辑。教学进度安排需遵循认

知发展规律，通过阶梯式任务设计实现技能积累与思维升级的同步推进。最终目标是帮助学生建立完整的工具认知网络，使其在动态设计实践中能够灵活调用适用工具达成创作目标，为后续复杂项目奠定扎实的技术基础，同时保持对技术工具的批判性思考能力，避免陷入工具依赖的创作困境。

（二）字体运动逻辑与时间轴控制

1. 时间轴控制核心训练

字体动态设计的核心在于构建符合视觉认知规律的运动体系，教学过程中需要将抽象的时间概念转化为可操作的视觉语言。时间轴控制作为动态设计的中枢系统，其教学重点在于培养学生对运动节奏的感知与调控能力，通过关键帧的合理设置实现视觉张力的有序释放。缓动曲线的调节教学需结合物理运动规律，将加速度原理转化为视觉舒适度的评价标准。分层控制技术的讲解应着重揭示时序叠加产生的复合视觉效果，训练学生预判动态轨迹的系统思维能力。在教学实施中应当融入数学思维训练，借助函数曲线的可视化呈现帮助学生理解速率变化的视觉表现。

2. 交互触发与动态脚本规划

时间轴控制的进阶训练需要引入交互触发机制，为后续复杂的动态设计埋下伏笔。动态节奏的把握应当结合视听感知的联觉效应，建立时间编码与情感传递的对应模型。该模块的教学成效最终体现在学生能够独立完成动态脚本的规划与实现上，将创意构思精准转化为时间轴参数，在技术精确性与艺术表现力之间找到平衡点。这种能力的培养需要经过反复的实践推演，在具体项目中深化对运动逻辑的理解，逐步形成既符合技术规范又具有创新突破的动态设计思维模式，为应对未来更复杂的动态设计挑战储备方法论基础。

（三）交互原型开发流程解析

1. 交互设计流程闭环解析

交互原型开发教学需要构建完整的设计认知链条，从需求分析到成品测试形成闭环思维。教学过程应当以用户旅程地图为起点，训练学生将抽象需求转化为具体交互节点的设计能力。信息架构的构建需要培养系统性思维，通过内容分类与层级划分训练建立清晰的信息传递路径。低保真原型制作阶段应强化快速验证意识，重视手绘草图在创意萌芽阶段的独特价值。向高保真原型过渡时需要植入标准化设计理念，通过组件化思维提升开发效率与一致性。交互逻辑的教学需借助状态转换图使用户操作路径具象化，预防流程漏洞与体验断层。在教学过程中持续渗透版本控制理念，培养符合行业规范的迭代优化习惯。

2. 规范与创新平衡能力培养

整个流程解析的终极目标是形成闭环设计思维，使学生能够自主搭建从需求洞察到可用性验证的完整工作体系。这种能力建构需要理论与实践的双轨并行，在项目实践中内化流程规范，同时保持对新兴交互技术的敏感度。教学过程中应当注重培养学生在流程规范与创新突破之间的平衡能力，使其既能遵循科学的开发流程，又能在关键节点实现创意突破。这种复合能力的培养需要经过多个项目周期的锤炼，逐步建立起应对复杂交互设计挑战的系统化解决方案，为未来职业发展储备扎实的方法论基础。

（四）用户触点与界面动效设计

1. 触点设计与动效语义体系

用户触点设计教学需要融合行为心理学与视觉传达原理，培养学生在微观交互节点营造情感共鸣的设计能力。触点分析应当覆盖多感官维度，重点强化视觉线索对用户行为的引导效能。界面动效设计需建立规范化的运动语义体系，明确不同动效类型的功能指示与情感传递特性。教学重点在于把握动效设计的节制原则，通过时间参数与运动幅度的精准调控实现功能性与艺术性的平衡。层级动效的教学需要结合空间叙事理论，利用三维轴向变化构建清晰的信息层次。

2. 情感化动效与场景化思维

情感化动效设计应当注入品牌个性特征，使界面反馈兼具功能准确性与情感温度。原型测试环节需要整合眼动追踪等验证手段，通过用户行为数据反哺设计优化。该模块的终极培养目标是形成场景化设计思维，使学生能够根据具体使用情境灵活配置触点方案，将冰冷的交互逻辑转化为有温度的体验旅程。这种能力的形成需要经过从理论认知到实践验证的完整循环，在具体项目中深化对用户心理的洞察能力，逐步掌握将技术参数转化为情感体验的设计密码。教学过程中应当注重培养学生对细节的感知与把控能力，使其既能宏观把握交互流程的整体性，又能微观雕琢每个触点的体验品质，最终实现技术理性与人文关怀在设计实践中的和谐统一。

（五）基础编码思维在动态设计中的应用

1. 编码逻辑转化应用

在动态字体设计教学中融入基础编码思维的训练，能够帮助学生建立逻辑化的运动认知框架。教学过程中需要将编程中的流程控制概念转化为视觉动态的构建方法，比如通过理解条件判断机制来设计交互触发式的字体变化。参数化思维的培养需要与视觉变量建立直观联系，让学生意识到数值调整直接影响动态效果的呈现质量。事件响应机制的教学应当重点阐释用户操作与动态反馈之间的逻辑链条，形成可视化的输入输出对应关系。在实施教学时需要平衡技术逻辑与艺术表达的关系，避免过于强调编程思维而限制创意发挥。通过将抽象的程序概念转化为图形界面操作，引导学生掌握动态脚本的编写规律。这种训练要求同时培养算法拆解能力和视觉整合能力，在动态路径规划中体现数学思维的美学转化。

2. 动态脚本与平衡能力构建

教学环节应当设置阶梯式训练项目，从基础运动规律开始逐步过渡到复合动态效果，持续加深学生对编码原理的理解和应用。最终目标是使学生具备用逻辑思维解析动态设计需求的能力，能够将创意构想转化为可调控的动态参数系统，在技术规范与艺术表现之间找到平衡支点，为掌握智能化设计工具奠定必要的思维基础。这种能力的形成需要经历从概念理解到实践验证的完整循环，通过反复调试动态参数与观察视觉反馈的互动关系，逐步建立起将抽象逻辑转化为具象动态的语言体系，从而在未来的动态设计项目中展现出更强的控制力与创造力。

二、动态设计实践：技术适配与用户体验融合

（一）跨媒介字体适配性训练

1. 设备参数与视觉适配策略

跨媒介字体设计的教学需要培养学生应对不同终端显示特性的适应能力，重

点在于理解设备参数与视觉表达的内在关联。教学中应当系统解析屏幕物理特性对动态效果的影响机制，如刷新频率与动画流畅度的对应关系。分辨率适配训练需结合显示技术的底层原理，理解像素排列方式对字体细节呈现的制约作用。色彩呈现差异的协调教学应着重培养跨平台色彩管理意识，保持动态字体在不同媒介中的视觉统一性。响应式设计理念需要融入动态参数的自适应调整方法，建立设备尺寸与动态幅度的智能匹配规则。教学过程中要创造多设备测试环境，训练学生预判并修正跨平台显示偏差的实践能力。

2. 动态时序与硬件性能协同

动态时序控制需考虑硬件性能差异，通过关键帧优化确保不同设备上的节奏一致性。该模块的教学目标在于使学生能够自主制定跨媒介适配方案，在保留设计初衷的前提下完成技术参数的智能调节。这种能力的培养需要通过多平台测试实践积累经验，逐步掌握设备特性与视觉表现的对应规律，最终形成既满足艺术追求又符合技术规范的动态字体适配策略，这种策略的建立需要经历从理论认知到实践验证的反复锤炼，在不断比对不同终端显示效果的过程中，培养出精准把握技术参数与视觉表达平衡点的敏锐感知力，为应对未来多样化媒介环境做好充分准备。

（二）原型测试与用户体验反馈

1. 全流程测试体系构建

交互原型测试教学需要构建完整的验证体系，将用户反馈转化为设计改进的驱动力。教学过程应当涵盖从测试方案制定到数据分析的全流程，培养学生建立科学验证的思维模式。观察法训练需要提升捕捉自然使用场景中真实行为的能力，培养细致入微的洞察习惯。访谈技巧教学应注重问题设计的引导性，训练从表面反馈中挖掘深层需求的思维能力。视觉注意力分析需要结合认知规律，解读用户注视轨迹背后的信息接收逻辑。反馈处理教学要建立问题优先级判定标准，指导设计优化的实施路径。测试报告撰写应培养客观记录与主观分析相结合的能力，形成具有实操价值的改进建议。

2. 真实场景测试与决策优化

教学过程中需要模拟真实测试环境，训练学生应对突发状况的灵活处理能力。该模块的最终目标是使学生掌握系统性的用户研究方法，能够将零散反馈转化为结构化改进方案。这种能力的形成需要经过多轮测试实践的打磨，逐步建立起从表象观察到本质分析的研究能力，最终形成以用户行为为导向的设计决策习惯，确保每个设计选择都有可靠的行为依据，这种思维模式的建立需要经历完整的测试循环训练，从最初的方案设计到最终的数据解读，每个环节都需要培养严谨的求证态度，在反复验证与修正的过程中，逐步掌握将主观设计转化为客观体验的转换密码，为创造真正符合用户需求的设计方案奠定坚实基础。

（三）静态到动态的视觉转化方法

1. 动态转化法则与节奏控制

静态视觉向动态转化的教学需要建立时空维度的扩展认知，培养在运动中延续品牌特征的能力。重点在于解析平面元素在时间轴上的演变规律，理解点、线、面等基础要素的动态表达逻辑。图形律动教学需结合视觉感知规律，建立运动节奏与情感表达的对应关系。信息层级的动态化需要运用视觉引导原理，通过运动顺序控制用户的认知流程。教学过程中要训练学生从静态作品中识别动态潜力的敏锐度，把握关键帧设定的核心要领。动态过渡设计需遵循视觉连续性原则，保持形态转换过程的自然流畅。

2. 品牌基因的动态延续策略

品牌特征的动态演绎应着重于核心元素的运动特质提炼，确保动态化过程中的识别稳定性。该模块的目标是使学生掌握静态视觉语言的动态转化法则，能够将平面设计稿转化为富有表现力的动态演绎。这种能力的培养需要经过系统化训练，从元素解构到动态重组逐步推进，在保留原始设计精髓的基础上融入时间维度的考量，最终实现静态与动态表达的无缝衔接。这种转化能力的形成需要经历从理论认知到实践操作的完整循环，在反复试验动态效果与静态原稿的对应关系过程中，培养出精准把握时空转换契机的设计直觉，为视觉传达注入新的叙事维度与情感张力，使传统平面设计在动态化过程中焕发新的生命力。这种教学路径的设计既注重技术规律的掌握，又强调艺术感知的培养，在理性与感性的交织中开拓视觉表达的可能性边界。

第二节
技术融合层：
三维引擎视觉表达与数据叙事

一、技术融合层：三维引擎与数据叙事的协同创新

（一）三维引擎基础操作与场景构建

1. 引擎操作与空间思维培养

三维引擎技术的教学需要从基础认知逐步过渡到空间构建能力的培养，关键在于帮助学生建立对虚拟环境的系统性理解。教学初始阶段应着重界面功能与操作方法的对应训练，通过视图切换练习强化三维空间的方向感与距离感；基础建模教学宜采用从简单几何体拼接起步的方式，在形状组合与表面细分过程中融入对结构合理性的思考；场景搭建环节需注重物体比例与空间布局的协调性训练，利用坐标系培养精准定位的思维习惯；摄像机视角的教学应当与空间叙事能力相结合，引导学生通过镜头运动增强场景表现力。

2. 平面到立体的场景转化逻辑

动态元素设计需要引入时间轴概念，理解关键帧设置与物体运动轨迹之间的关联性。基础灯光系统的学习需结合场景结构分析，掌握光影分布对空间层次感的塑造作用。整个教学过程的重点在于构建完整的三维创作链条，使学生能够将平面构思转化为立体化的空间表达。这种能力的形成需要经历从单一模型制作到场景搭建的完整流程，在反复调整物体位置与比例关系的过程中培养全局规划意识，逐步建立起平面思维向立体思维的转换机制。教学过程中需平衡技术操作与艺术表现的关系，在精确控制模型参数的同时保持对视觉美感的敏感度，确保技术学习始终服务于创意表达的核心目标，通过循序渐进的实践训练帮助学生掌握虚拟空间构建的核心逻辑，为后续复杂场景设计打下坚实基础，这种训练模式既强调工具使用的熟练度，又注重空间想象力的培养，使学生在技术规范与艺术创造之间找到平衡点，最终形成符合行业需求的三维场景构建能力。

（二）材质系统与光影表现技法

1. 材质属性与光影物理模拟

材质系统的教学需要建立物理特性与视觉效果的对应认知，重点在于培养学生对物体表面质感的创造性表达能力。基础阶段应从核心参数调节入手，理解材质属性变化对光影反射的影响规律。纹理贴图应用需结合模型表面展开技术，掌握二维图案与三维形体的适配方法。程序化材质生成教学应着重节点编辑逻辑的训练，建立参数调整与视觉变化的直接关联。光影表现技法的教学需兼顾物理真实性与艺术表现力，在自然光照与戏剧化效果之间寻求平衡。全局光照系统的应用需要结合场景氛围营造，理解间接照明对空间情绪表达的重要作用。特殊材质表现需重点掌握折射与透光效果的实现原理，培养根据设计需求调整材质参数的应变能力。教学成效体现在学生能够自主构建符合主题的材质系统，通过光影调控强化视觉叙事的感染力。这种能力的培养需要经历从单一材质实验到复合材质组合的渐进过程，在不断调试参数与观察效果的过程中建立材质表现与设计意图的对应关系，最终形成既遵循物理规律又具备艺术创造力的技术把控能力。

2. 技术规范与艺术表现的平衡

教学过程中应注重技术规范与个性表达的有机结合，在参数化控制与主观审美判断之间建立有效连接，通过反复实践帮助学生找到技术实现与艺术追求的平衡点，这种双重维度的训练模式既夯实了技术基础，又激发了创作潜能，为视觉叙事创作提供了可靠的表现手段，使学生在掌握标准操作流程的同时保持个性化的艺术探索空间。

（三）数据可视化叙事逻辑框架

1. 数据映射与视觉叙事路径

数据可视化教学需要构建从信息理解到视觉表达的完整思维链条，核心在于培养将抽象数据转化为直观视觉语言的能力。教学初始阶段应建立数据类型与图形表达的对应规则，使学生理解不同信息特征适用的可视化形式。叙事逻辑的构建需融合信息组织原理与视觉引导技巧，通过元素排布控制观者的认知路径。多维数据呈现需掌握信息分层与重点突出的方法，在有限空间内建立清晰的信息秩序。动态可视化设计应注重时间维度的运用，理解数据变化与动画节奏的配合规律。交互式可视化教学需培养操作反馈的响应思维，建立用户行为与信息呈现的动态关联。视觉隐喻的合理运用需要在保证准确性的前提下增强叙事吸引力。教学目标是使学生掌握将复杂数据转化为视觉故事的系统方法，能够通过逻辑化的视觉表达传递数据内涵。这种能力的形成需要经历从基础图表设计到复合叙事体系的渐进训练，在反复调整视觉元素与数据关系的实践中建立信息筛选与视觉强化的平衡意识，最终形成兼具逻辑严谨性与艺术感染力的叙事策略。

2. 动态信息与图形语言转化

教学过程中应注重数据思维与视觉感知的双向培养，通过信息解构与图形重构的循环训练突破传统表达局限，在保持数据真实性的基础上探索创新性的视觉传达方式，这种教学路径既强调逻辑分析的严谨性又注重形式创造的灵活性，帮助学生建立数据与视觉之间的有效对话机制，为信息时代的视觉传达开拓新的表现维度。

（四）实时渲染技术在教学中的应用

1. 即时反馈与创作效率提升

实时渲染技术的教学应用需要建立即时反馈与动态优化的思维模式，重点培养学生快速调整与完善作品的技术适应力。教学初始阶段应明确与传统渲染的技术差异，理解实时计算对硬件资源的优化要求。光照系统的教学需结合动态调整训练，掌握光影变化对场景氛围的即时影响规律。材质实时预览功能的应用应强化对参数修改与效果反馈的同步认知，培养快速迭代的创作习惯。粒子效果等动态系统的控制需理解实时运算原理，掌握复杂特效的优化呈现方法。虚拟摄像机技术需与视觉叙事训练结合，通过实时视角调整探索最佳表现方案。教学价值在于帮助学生建立快速原型开发能力，利用实时反馈机制提升创作效率。这种能力的培养需要经历从静态思维到动态调整的转变过程，在持续修改与即时观察中建立技术参数与视觉效果的联动意识，最终形成兼顾质量把控与效率提升的工作方法。

2. 硬件优化与视觉效果平衡

教学创新不仅体现在技术传授效率的提升上，更在于培养符合行业趋势的实时创作思维，通过技术特性与设计流程的深度融合，使实时渲染成为支撑创意表达的有效手段。教学过程中应注重工具应用与设计思维的同步培养，在掌握技术特性的同时保持艺术判断力，通过反复实践帮助学生建立技术服务于创意的认知模式，为数字内容创作领域输送具备实时思维能力的专业人才，这种教学模式的实施既提升了技术教学的实用性，又强化了学生在快速变化行业中的适应能力。

（五）动态数据驱动视觉生成实验

1. 数据流动与视觉联动机制

动态数据驱动视觉生成的教学需要着重建立信息流动与视觉变化的实时联动机制，关键在于培养学生将动态信息转化为可视表达的灵活应对能力。在课程初始阶段需要搭建数据输入与视觉输出的基础框架，让学生理解数值变化如何对应图形形态的调整规律。有关实时数据处理的教学应当结合图形化编程界面，掌握参数动态调整过程中视觉过渡的自然控制方法。自动化视觉生成训练需平衡程序算法与艺术调控的关系，在保持生成效率的同时预留人工审美的介入空间。多源数据整合教学要培养不同类型信息同步处理的能力，建立多源数据共同作用下的视觉协调规则。

2. 实时响应与艺术调控融合

整个教学过程中需要特别注意动态系统的稳定性设计，确保在数据波动时仍能维持视觉呈现的完整性与流畅度。该环节的核心目标在于使学生掌握数据实时驱动视觉创作的技术体系，能够构建具备即时响应能力的动态视觉系统。这种专业能力的培养需要通过从简单数据驱动到复杂数据联动的渐进式训练，在不断调整参数与观察效果的过程中，逐步建立数据变量与视觉形态的精准对应关系，最终形成既能快速捕捉数据变化又能保证视觉质量的双重把控能力。这种教学模式的独特之处在于将技术逻辑与艺术感知有机融合，通过数据与视觉的即时互动激发创新思维，引导学生突破传统静态设计的框架束缚，探索符合数字时代特征的动态视觉表现手法，为新媒体环境下的视觉传达开辟更具生命力的创作路径。这种训练方式既注重技术实现的精确性，又强调创意表达的自由度，通过实时反馈机制强化学生的应变思维，帮助他们在数据洪流中构建独特的视觉叙事体系。

二、技术融合创新：空间叙事与数据转译

（一）三维空间叙事语言探索

1. 空间叙事结构与视觉逻辑建构

三维空间叙事教学的核心在于建立立体空间与叙事表达的转换桥梁，重点培养学生在虚拟环境中构建信息传递结构的能力。教学初始阶段需要拆解三维空间的基本叙事单元，理解视角移动与场景布局在时间维度上的表达作用。空间节奏的教学应当结合摄像机运动轨迹设计，让学生掌握通过视觉焦点转移推进叙事发展的技巧。多层次叙事构建需要综合运用形态组合与光影变化，通过空间元素的有机排列形成丰富的语义结构。交互式叙事设计需培养事件响应思维，建立用户操作与空间信息展现的动态关联机制。

2. 立体语境中的信息传递策略

教学过程中要特别注意空间象征手法的合理运用，在保证空间合理性的基础上提升叙事感染力。该教学模块的价值体现在学生能够将抽象理念转化为可感知的空间叙事作品，通过三维视觉语言传递多维信息。这种专业能力的塑造需要通过从单一线性叙事到复杂网状叙事的系统训练，在反复调整空间要素与信息脉络的对应关系中，逐步建立空间构造与内容表达的有机联系，最终形成既符合空间美学规律又能承载叙事功能的创作能力。这种教学路径的特别之处在于同步培养学生的空间感知与逻辑思维能力，通过经典案例分析与个性创作实践的交替训练，帮助学生突破二维平面叙事惯性，在三维语境中发展出具有深度体验感的视觉叙事方法。这种训练模式既强调空间构造的严谨性，又鼓励叙事创新的自由度，通过虚实结合的空间营造手法拓展视觉传达的表现维度，为数字时代的空间叙事创作建立新的方法论基础。

（二）跨平台引擎兼容性研究

1. 多平台技术适配与体验优化

跨平台引擎兼容性教学需要构建完整的技术适配知识体系，重点培养学生应对多样化技术环境的适应能力。课程初期应当系统分析主流引擎的核心技术差异，理解不同渲染机制对最终视觉效果的影响规律。资源优化教学需结合多平台

开发流程，掌握模型结构与材质系统的通用化处理原则。交互逻辑移植训练要重点突破设备差异障碍，建立可适配多种操作方式的交互框架。

2. 引擎特性与视觉标准平衡

视觉一致性维护需提升参数动态调节能力，在保持设计原貌的前提下实现多平台适配。该教学环节的核心目标在于使学生掌握跨平台开发的核心技术方法，能够构建具备广泛适应性的视觉应用系统。这种专业能力的形成需要经历从单一平台到多平台联动的完整实践过程，在反复调试不同平台呈现效果的过程中，逐步建立技术特性与视觉标准的平衡意识，最终形成既保持设计初衷又满足多平台要求的技术解决方案。这种教学模式的独特价值在于强化技术迁移能力与系统化思维，通过将平台差异转化为可控设计变量的训练方式，帮助学生建立面向未来的技术适应体系。这种训练过程既注重技术实现的精准性，又强调设计思维的灵活性，通过平台特性分析与适配策略制定的循环实践，培养学生应对技术快速迭代的核心竞争力，为满足数字内容创作领域的多平台发展需求储备关键技术人才。这种教学创新不仅提升了技术教学实效性，更构建起连接技术特性与设计需求的专业认知桥梁。

（三）抽象数据到具象视觉的转化路径

1. 数据特征与视觉符号映射

抽象数据可视化教学需要构建从信息解析到视觉呈现的完整转化体系，关键在于培养学生将无形数据转化为有形视觉的系统思维能力。教学初始阶段需要建立数据特征与视觉元素的对应法则，理解数值范围与图形属性的转换规律。多维信息简化教学需掌握关键特征提取技巧，在保持数据本质的前提下实现视觉表达的清晰化。动态转化设计应当融合时间控制技术，通过动画节奏展现数据演变的内在逻辑。

2. 信息转译与叙事可视化策略

象征性表达训练需培养学生的信息符号化能力，在确保数据准确性的基础上提升视觉吸引力。该教学模块的成效体现在学生能够将复杂数据转化为富有叙事性的视觉作品，通过形象化手段揭示数据背后的深层含义。这种专业能力的培养需要通过从基础图形到高级可视化图形的阶梯式训练，在持续调整视觉元素与数据关系的实践中，逐步建立信息筛选与形式创新的平衡意识，最终形成兼具科学严谨与艺术美感的转化策略。这种教学体系的创新之处在于融合逻辑思维与形象思维的双重培养，通过数据拆解与视觉重构的循环训练，帮助学生突破传统数据表达的局限，在抽象信息与具象表现之间建立有效对话机制。这种训练模式既强调数据解读的准确性，又注重视觉表达的创造性，通过多维度的转化路径探索，拓展信息可视化设计的表现疆域，为当代视觉传达开辟更具洞察力的数据叙事方式。这种教学方法的价值不仅在于技术传授，更在于构建起连接数字信息与人类感知的专业转化通道。

第三节 价值创新层：社会设计与可持续视觉系统

一、社会设计思维与可持续实践

（一）社会设计议题筛选与价值定位

1. 社会议题转化与设计价值构建

社会设计教学需要着重建立社会现象与设计价值的连接通道，关键在于培养学生从生活场景中捕捉真实问题的观察能力。课程初期通过引导学生在社区观察与案例研究中寻找规律，掌握从日常细节中提炼设计命题的基本方法；在价值定位环节需要训练学生分析不同群体的需求差异，理解弱势群体诉求在设计中的特殊权重；议题筛选过程中强调对问题可操作性的评估，教会学生在庞杂的社会矛盾中识别出适合视觉介入的关键节点。

2. 公共利益导向的视觉介入策略

价值体系构建注重功能性表达与情感共鸣的平衡，通过视觉符号的巧妙运用实现社会效益的软性传递。教学全程贯穿着对设计伦理的持续讨论，确保每个设计决策都建立在公共价值的基础之上。核心目标在于帮助学生形成将社会需求转化为视觉方案的思维模式。这种能力的培养需要经历从现象收集到方案落地的完整循环训练，在不断修正设计方向的过程中建立起社会议题与视觉语言的对应逻辑。教学创新体现在打破传统设计教育的封闭性上，通过街头巷尾的真实场景调研，使学生直面社会运行中的痛点问题。这种实践导向的训练既增强了设计的现实关联性，又培养了学生作为设计者的社会责任感。通过反复的议题筛选与价值校准练习，逐渐形成既能把握社会脉动又能提出创新方案的复合能力。这种教学转变不仅提升了专业技能的实用性，更构建起设计教育与社会发展的双向互动通道，为培养具有社会担当的视觉设计师开辟了新的成长路径。

（二）参与式设计方法论实践

1. 协同设计思维与用户共创机制

参与式设计教学需要重构设计师与使用者的传统关系，重点培养以用户为中心的协同设计思维。课程初期通过角色扮演训练帮助学生理解不同利益方的视角差异，建立多元需求并存的认知基础；在工具开发阶段引入可视化沟通技术，将专业设计语言转化为大众可理解的互动界面；共识形成过程中着重训练矛盾调解能力，教会学生在多方博弈中寻找共赢的解决方案。通过快速原型制作与迭代展示，建立设计过程的可视化反馈机制。教学全程致力于打破专业壁垒，构建平等对话的设计生态。核心价值在于培养学生开放包容的工作方法，这种能力需要经历从单向创作到多方协作的模式转变，在不断调整参与机制的过程中掌握平衡专业标准与大众诉求的技巧。

2. 跨领域协作与利益平衡能力

教学创新体现在将设计过程转化为社会对话实验上，通过真实场景中的角色转换练习，帮助学生突破专业视角的局限性。这种实践模式不仅提升了设计方案的落地可行性，更培养了跨领域协作的沟通智慧，通过参与式方法的深度应用，使学生成长为既能主导创作又能协调各方的设计组织者。这种教学革新将设计教育从单纯的技术传授升级为社会创新能力的培养，为视觉传达领域输送具有协作精神的新型人才。

（三）可持续材料视觉表现研究

1. 环保材料特性与视觉语言转化

可持续材料教学需要打通环保属性与视觉表达的转换通道，重点培养材料特性与设计语言的对应感知。课程初期通过材料生命周期分析，建立从原料采集到废弃物处理的全流程环保认知；在视觉转化环节着重训练材料质感的创造性表达，探索常见环保材料的艺术表现可能，突破传统媒介限制的实验性创作，激发学生发现废弃物料的造型潜力；教学过程中持续探讨美学追求与生态责任的平衡点，在环保框架内激发创新思维。核心目标在于培养材料应用的可持续思维，这种能力需要通过从理论认知到实践操作的完整训练，在不断试错中建立环保标准与视觉效果的融合逻辑。

2. 废弃物料创新应用的审美突破

教学创新体现在将材料研究从技术参数转向美学表达，通过跨学科知识融合帮助学生突破创作定式。这种探索不仅拓展了视觉传达的媒介边界，更强化了设计实践的环保意识，通过材料语言的重构训练，推动学生形成既符合生态要求又具有艺术价值的创作方法，为绿色设计教育搭建起从理念到实践的完整桥梁，培养能够驾驭环保材料的创新型视觉设计师。

（四）视觉系统生命周期评估

1. 全周期管理思维与生态成本核算

视觉系统教学需要建立全流程管理思维，重点培养设计产物的持续影响预判能力。课程初期通过构建创意产生到物料回收的完整链条模型，形成系统化设计认知；在环境影响评估环节训练学生核算作品的全周期生态成本，建立视觉载体的环保考量意识；社会价值分析着重于长期效果追踪，培养学生做出设计决策的前瞻性思维。教学全程强调责任意识与创作冲动的平衡，在设计源头植入可持续基因。核心目标在于培养系统化设计能力，这种能力需要经历从单点创作到全局管理的思维升级，在不断反思设计决策的过程中建立即时效果与长远价值的平衡意识。

2. 可持续设计能力的系统化培养

教学创新体现在将评估维度前置到创作初期，通过全周期视角的持续介入帮助学生突破片段化思维。这种训练模式不仅提升了设计的科学性，更培养了学生对行业发展的责任意识，通过生命周期管理工具的实践应用，使学生成长为既懂创作又善管理的复合型人才，为视觉传达教育注入系统思维与未来视野，构建起联结当下创作与长远影响的专业能力框架。

（五）文化符号在可持续设计中的转译

1. 传统智慧挖掘与现代环保理念的融合

文化符号教学需要打通传统智慧与现代环保理念的沟通渠道，重点在于教会学生如何让古老符号焕发新的生命力。课程开始阶段通过实地走访和资料整理，带着学生深入民间采集那些蕴含生态智慧的视觉元素，比如传统建筑中的通风结构或是服饰纹样里的自然崇拜。在分析符号时不能停留在图案表面的模仿上，而是要引导学生发现符号背后古人适应环境的生存智慧，像是竹编工艺的轻量化设计理念或是夯土建筑的保温原理。将这些发现转化为现代设计语言的过程需要反复推敲，既要保留符号的文化基因，又要符合当代审美需求。教学中要特别注意防止符号变成空洞的装饰，强调每个视觉元素都应该承载具体的环保理念。培养这种转化能力需要经历从田野调查到设计实践的全链条训练，让学生在不断尝试中摸索出传统与现代的融合之道。

2. 文化基因承续与绿色设计创新

教学创新点在于改变了符号研究的传统路径，不再只是分析形式美感而是深入挖掘文化内涵，通过跨时代的对话让学生理解可持续理念并非全新概念，而是早已存在于传统文化之中。这种教学方式既让濒临消失的传统技艺获得新生，又为环保设计提供了文化厚度，帮助学生在创作时既能展现地域特色，又能传递环保价值，形成有根有据的可持续设计思维，为传统文化找到与时俱进的表达方式，让视觉设计成为连接过去与未来的桥梁。

二、社区赋能与伦理构建

（一）社区需求导向的设计提案

1. 生活场景需求转化与服务设计

社区导向的教学重在建立设计师与真实生活场景的深度连接，培养学生像社区成员一样观察和思考的能力。课程初期让学生驻扎在社区进行沉浸式体验，用视觉日记记录菜市场的交易手势、广场舞队的服装配色、楼道里的信息张贴方式，从这些生活细节中捕捉未被言说的需求。构建设计方案时要像拼图游戏般把零散的发现整合成系统，比如将老年人对标识清晰度的需求与儿童活动安全提示结合，创造出全年龄适用的视觉导视系统。方案验证阶段需要建立快速试错机制，用简易材料制作可触摸的样品，在社区角落进行实地测试并根据反馈及时调整。整个教学过程推动学生从自我表达转向服务思维，学会在专业标准与居民习惯之间寻找平衡点。这种能力培养需要完整经历需求发现、方案设计、落地验证的全过程，在不断与真实环境对话中理解设计的服务本质。

2. 社区共建中的设计服务思维

教学创新体现在打破教室与社区的界限上，把设计过程变成社区共建活动，让居民成为创作伙伴而非被动接受者。这种实践不仅提高了方案的实际效用，更培养了学生作为设计协调者的沟通能力，使其既能捕捉细微需求又能统筹复杂关系，为社区培育出真正懂生活、会服务的视觉设计师，让设计成果像植物一样自然生长在社区土壤中。

（二）视觉伦理与过度设计批判

1. 设计责任意识与资源消耗反思

视觉伦理教学的核心是建立设计行为的自我约束机制，让学生明白好看不是唯一标准。课程从分析日常见到的过度包装、炫目广告入手，引导学生思考这些设计背后的资源消耗和社会影响。通过对比经典设计与网红设计的生命周期，让学生直观感受到经得起时间考验的作品往往具有克制的美感。在创作训练中设置限制条件，比如限定材料种类或色彩数量，培养在约束中创新的能力。伦理准则的建立需要结合具体场景讨论，比如公益海报如何避免消费苦难、商业设计怎样平衡促销与真实。

2. 伦理准则构建与适度设计思维

教学重点在于帮助学生建立价值判断的坐标系，在追求视觉冲击力时不忘社会责任。这种思维转变需要经历从技法训练到价值反思的过程，让学生逐渐摆脱为创新而创新的迷思。教学创新在于将伦理思考融入每个设计环节，通过逆向思维练习比如“减法设计”挑战，让学生体验少即多的智慧。这种培养方式不仅提升了设计成熟度，更增强了设计师的社会责任感，推动行业从追求眼球经济转向注重实质价值，使视觉传达真正成为有益于社会的沟通工具，而非制造视觉垃圾的源头。

（三）模块化视觉系统搭建策略

1. 系统化设计能力与标准化应用

模块化教学培养的是像搭积木般构建视觉体系的能力，既要保证单个元素的独立性又要实现整体协调。课程从拆解经典品牌视觉系统开始，让学生理解基础单元如何通过排列组合产生无穷变化。在单元设计阶段强调“一形多用”，比如一个图标既要能单独使用又要能拼合成图案。构建系统像制定游戏规则，明确色彩、字体、版式的使用规范，同时保留根据场景调整的弹性空间。迭代优化环节教会学生建立动态调整机制，根据用户反馈像升级软件般完善系统。

2. 视觉弹性构建与场景适配平衡

教学重点在于把握标准化与个性化的平衡，既要有统一风格又要避免僵化。这种能力需要经历从零件打磨到整体组装的完整训练，在反复调试中掌握视觉系统的生长规律。教学创新在于将模块化思维从工业设计引入视觉领域，通过参数化设计工具让学生体验元素关联的乐趣。这种训练不仅提高了设计效率，更培养了应对多元需求的应变能力，使学生能像建筑师般构建可扩展的视觉框架，为品牌打造既能保持调性又能持续进化的视觉生态系统，在快速变化的传播环境中保持视觉识别的一致性与生命力。

第五章 虚实融合的教学场景构建

Chapter 5

第一节 元宇宙课堂的沉浸式学习体验设计

一、虚拟学习空间与交互行为创新

（一）虚拟学习空间场景拓扑规划

1. 空间认知逻辑与动态场景构建

虚拟学习空间的规划需要让数字环境既符合人的认知习惯又能有效传达教学内容，关键在于找到真实课堂与虚拟空间的最佳结合点。空间布局要考虑学习者的思维流动路径，将传统教室里的物理分区转化为更灵活的数字形态，比如将教学核心区域转化为具有辐射特性的虚拟结构，让知识传播具备空间维度上的延展性。场景之间的过渡通道要设计得如同思维导图的分支，通过颜色渐变或光影流动自然引导学习动线，避免学习者在复杂空间里产生方向混乱。空间大小的调整需要配合不同教学阶段的需求，理论教学适合开阔的全景视野方便整体认知，实践环节则需要紧凑的工作单元促进动手操作。

2. 智能调节系统与教学逻辑融合

智能调节系统能根据课堂实时状态自动改变空间配置，如同活的教学有机体随着知识传递节奏呼吸变化。这种动态规划的创新之处在于保持教学逻辑连续性的同时释放了空间创造力，通过数字技术重新定义教室的物理边界，让空间本身成为教学内容的可视化载体。学习者在探索三维环境的过程中不自觉完成知识框架的搭建，使虚拟空间不仅是教学容器更是认知生长的土壤，这种空间与思维的同步建构为沉浸式学习创造了全新的可能性。

（二）跨模态交互行为编码设计

1. 多感官通道整合与交互反馈

跨模态交互设计要让教学过程中的每个动作都能转化为数字空间的可感知反馈，核心在于建立自然直观的人机对话机制。交互系统需要整合视觉提示、声音反馈、触感振动等多种感官通道，让师生在举手投足间产生连贯的数字回应，如同在真实课堂中触碰教具般真实可感。交互规则的设定要考虑教学活动的特殊性，在知识传授阶段保持适度的操作约束，避免注意力分散，在创意实践环节开放更多自主探索空间。交互层级的递进设计像游戏关卡般引导学习进程，初期提供明确的操作指引培养学生的使用习惯，后期逐步撤去提示激发学生的创新潜能。

2. 教学行为数据化与个性化适配

实时反馈机制将抽象的学习状态转化为可视的环境变化，如同温度计般直观显示课堂参与度与知识吸收效果。这种设计的教学价值在于将冰冷的数字交互转化为有温度的教学对话，通过多维度感官刺激加深学习记忆，既保留传统课堂的互动真实感又突破物理限制拓展教学维度，使每个教学行为都成为可追踪、可分析、可优化的数据节点，为个性化教学提供精准的互动支持，让数字空间里的师生互动既有技术精度又具人文温度。

（三）数字分身动作捕捉与表情映射

1. 教学姿态标准化与个性化的平衡

数字分身系统要让学生在虚拟课堂中既遵守教学规范又保持个性特征，关键在于找到真实表达与教学场景的平衡点。动作捕捉需要提炼教学场景中的典型肢体语言，比如讲解时的适当手势、倾听时的身体姿态，形成符合知识传播规律的动态数据库。表情识别技术要重点捕捉教学互动中的关键情感信号，过滤无关的面部肌肉运动，突出知识传递时的专注眼神与思维碰撞时的微表情变化。

2. 虚拟形象优化与教学反馈机制

虚拟形象的调整功能需要适度优化真实特征，既避免因过度美化而失真又确保视觉呈现的清晰度，比如校准视线焦点以增强交流的真实感，优化唇形以同步提升表达的准确性。实时反馈系统像数字镜子般反映教学表现，帮助师生调整教学状态，如同在真实教室中观察自身教学仪态。这种技术的创新应用将教师的教学表现转化为可视化的数据轨迹，通过分析虚拟分身的动态参数优化教学方法，使虚拟空间中的知识传递既有真实课堂的具身感又具备数字技术的精准性，让师生在虚实交融中提升教学互动质量，这种身临其境的体验重新定义了数字化教学的临场感标准。

（四）全景声场与空间叙事构建

1. 三维声场设计与认知引导

全景声场设计要让声音成为虚拟课堂的空间导航与情感纽带，重点在于建立听觉体验与知识结构的深度关联。声音布局需要反映知识体系的内在逻辑，基础区域使用平稳声波构建认知基石，重点区域通过声强变化突出关键信息，交流区域运用环绕声效激发思维活力。声音叙事系统像隐形导游般引导学习路径，用环境音效的渐变提示知识模块转换，用特定声效标记学习里程碑。声音定位技术确保每个教学要素都有明确的空间坐标，教师声音始终稳定在虚拟讲台方位，学生的讨论声随位置移动自然传播。

2. 智能混音与教学节奏控制

智能混音系统根据学习状态动态调节声音配比，专注思考时突出引导语音的清晰度，团队协作时增强空间混响的沉浸感。这种声学设计的教学创新在于将声音从背景要素提升为认知建构工具，通过三维声场的精密编织，使听觉体验成为知识记忆的空间锚点，让学习者在声音的立体包裹中自然形成知识图景。这种多通道的信息整合不仅丰富了虚拟课堂的感知层次，更通过声音与空间的交响共鸣深化了教学效果，使听觉成为连接数字环境与认知世界的无形桥梁。

（五）虚实资产无缝衔接机制

1. 实体教具数字化与功能延续

虚实资产的有机融合需要构建双向互通的资源转换体系，其核心在于实现数字资源与实体教具在教学应用中的流畅切换与功能延续。资产转化过程需充分考虑不同介质的物理特性与教学功能，通过三维扫描与逆向建模技术将实体教具转化为可交互的数字化模型，同时保留其原始教学属性与操作逻辑。格式适配环节着重解决显示精度与交互方式的匹配问题，确保虚拟界面中的教学元素与实体环境中的对应教具在知识呈现上保持高度同步。权限管理机制需要构建虚实场景的身份认证体系，使学生在不同教学场景中的资源使用权限实现无缝衔接。

2. 跨介质资源转换与权限管理

实时交互技术重点攻克操作延迟与数据同步难题，保证虚拟空间的操作指令能够即时反馈到实体设备。这种衔接机制的教学价值在于构建了跨介质的资源共享平台，通过智能转换引擎实现教学要素在虚实空间中的自由流转，既保留了实体教具的触觉反馈优势，又发挥了数字资源的动态交互特性，使得教师可以根据教学需求灵活组合不同形态的教学资源。学生在虚实场景切换时能够保持认知过程的自然延续，为混合式教学提供了更加丰富的资源支持与更加灵活的应用场景，这种突破物理界限的资源整合方式重新定义了数字化时代的教育装备体系。

二、混合现实教学支撑体系

（一）多终端接入适配性开发

1. 设备自适应渲染与交互统一

多终端兼容系统的构建需要建立弹性化的技术架构，其核心目标在于保障各类设备在教学场景中获得等效的交互体验。自适应渲染引擎通过智能识别终端硬件配置，动态调整虚拟场景的图形质量与计算负载，在保证基础教学功能的前提下实现最佳性能表现。交互逻辑转换模块致力于统一不同设备的操作范式，将专业设备的精确控制转化为移动终端的简易交互，同时保持核心教学行为的完整性与一致性。数据传输协议采用智能分级策略，根据网络环境自动优化资源加载顺序，优先保障关键教学内容的即时呈现。

2. 跨平台协作与资源同步策略

跨设备协作系统通过云端同步机制实现了多终端的教学联动，使不同设备间的教学行为产生协同效应。这种适配方案的技术创新在于构建了开放包容的技术生态，通过智能识别与动态优化机制消除设备差异带来的体验断层，既尊重了师生对终端设备的个性化选择，又确保了教学过程的完整性与连贯性，为虚实融合教学的大规模推广奠定了坚实的技术基础，使得优质教学资源能够突破设备限制实现更广泛的覆盖与传播，这种灵活兼容的技术方案为教育公平与质量提升提供了新的实现路径。

（二）沉浸式注意力引导策略

1. 环境调控与认知投入维持

注意力管理系统的构建需要建立多维度的环境调控机制，其核心在于通过自然化的引导方式维持学习者的认知投入度。视觉引导体系运用色彩心理学原理与动态视觉设计，在虚拟空间中建立符合认知规律的重点标识系统。空间叙事设计通过节奏控制与场景转换，在知识传授与思维训练的不同阶段营造适宜的学习氛围。行为感知系统实时捕捉学习者的交互特征，通过环境要素的智能调节重建注意力的认知连接。

2. 空间反馈与学习动力循环

正向激励机制将学习成果转化为可见的空间演变，形成持续的学习动力循环。这种引导策略的教学创新在于将传统的显性管理转化为环境化的隐性引导，通过空间要素的智能响应与动态调整，在保持虚拟环境开放性的同时确保教学目标的达成，既尊重学习者的自主探索需求，又维持教学过程的系统性，使虚拟空间的自由探索与教学引导形成有机统一。这种基于环境智能的注意力管理方式为沉浸式学习提供了新的认知支持框架，使得技术环境本身成为促进深度学习的有效工具。

（三）虚拟教研伦理规范框架

1. 数字身份隐私与版权管理

伦理规范体系的构建需要前瞻性地应对技术革新带来的道德挑战，其核心在于建立技术创新与教育本质的价值平衡。隐私保护机制通过数据最小化原则与透明化管理，构建师生数字身份的安全防护体系。知识产权管理框架应明确虚拟教学资源的创作归属与使用边界，建立符合数字时代特征的版权确认机制。行为规范准则将现实世界的师德标准延伸至虚拟空间，确立数字分身的行为准则与交互礼仪。

2. 虚拟空间行为准则与审查机制

伦理审查制度应建立动态化的评估机制，对新兴技术应用进行持续的道德风险评估。这种规范体系的建设意义在于构建了多维度的伦理防护网络，通过技术伦理、应用伦理与制度伦理的协同作用，既保障了虚拟教研的探索自由，又坚守了教育育人的根本宗旨，为教育技术的健康发展提供了必要的道德约束与价值引导，使得技术创新始终服务于教育本质，这种兼顾开放与规范的治理框架为元宇宙教育的可持续发展确立了可靠的价值坐标。

第二节 数字孪生技术支持的远程协作工作坊

一、数字孪生工作坊技术基础

（一）物理空间数字镜像建模方法

1. 空间扫描与材质复现技术

物理空间的数字化重建关键在于建立精确对应的虚拟映射关系，需要通过多种信息采集手段将真实教学环境完整地转化为数字形态。整个流程始于对实体空间的全方位扫描，采用光学测量与三维成像技术捕捉教室的立体结构特征，将这些空间信息转化为计算机可处理的数字模型。在模型构建过程中需要着重处理视觉真实性问题，特别是在不同光线环境下物体表面的色彩与质感呈现，通过图像处理技术保留实体材质的细节特征。教学用具的数字化转换不仅要保持外观相似性，还需模拟实际操作功能，例如在虚拟课桌中保留调节高度与角度的交互功能。

2. 虚实校准与功能扩展验证

完成初步建模后需进行精确性验证，将虚拟模型与真实场景进行叠加比对，通过反复校准消除空间误差。这种建模方式的突破性在于创造了虚实对应的教学空间基底，既忠实复现了物理环境的真实样貌，又为后续的虚拟改造预留了调整空间，使得传统教室在数字世界中获得了功能拓展的可能性。这种可扩展的数字载体为远程教学提供了灵活的场景支持，师生可以在虚实交融的环境中开展创新性教学活动，空间转化机制既保证了教学场景的真实代入感，又激发了数字化改造的无限潜力，为跨空间协作奠定了扎实的环境基础。

（二）实时数据流双向同步机制

1. 跨空间信号传输与优先级控制

实现虚实空间的数据互通需要构建高效可靠的信息传输体系，重点解决跨空间信息交换的即时性与准确性难题。信息采集环节通过部署在实体空间的感应装置持续捕捉环境变化，将设备状态、人员动作等教学要素转化为可传输的数字信号。传输过程中需要智能区分信息优先级，对关键教学动作实施快速通道传输，确保师生操作能够即时反馈到异地空间。

2. 虚实指令安全校验与偏差修正

虚拟空间发出的控制指令通过专用通道作用于实体设备时，需要设置安全验证环节防止误操作。数据校验机制持续比对两端信息差异，自动修正传输过程中可能产生的偏差。这种同步系统的核心价值在于构建了虚实空间的教学神经网络，使身处异地的师生能够实时感知彼此的教学动态，在保持各自空间独立运作的同时实现教学进程的高度协同，有效消除了因物理距离造成的互动延迟，为远程协作提供了稳定可靠的技术支撑。师生在虚实交织的数据流中可以自然开展教学互动，如同置身于同一物理空间般顺畅自如，这种双向即时的信息流通机制打破了传统远程教学的时空壁垒，使得分布式协作具备了近似现场教学的互动质量。

（三）异地协作流程可视化编排

1. 任务模块化拆解与动态导航

实现跨地域教学协作的关键在于构建直观易懂的流程管理系统，通过视觉化手段将复杂的协作过程转化为清晰可辨的操作指引。系统设计首先需要将整体教学目标拆解为若干可执行的阶段性任务，每个任务模块都配有明确的操作说明与完成标准，这些模块如同拼图组件般可自由组合以适应不同教学需求。在时间维度上采用动态进度条展示各环节的推进节奏，空间维度上则通过平面布局图标注参与者的位置关系，两者结合形成立体的协作导航图。当团队成员在地理位置分布发生变化时，系统会自动调整任务分配逻辑与界面显示方式，确保每位参与者都能获得与其角色匹配的操作视图。

2. 协作状态可视化反馈系统

协作过程中采用颜色渐变与图形动画实时反馈各小组的完成状态，当某个环节出现进度偏差时，界面会自动突出显示问题区域并推送优化建议。这种可视化管理模式的价值在于将抽象的教学流程具象为可感知的视觉元素，使教师能够一目了然地掌握全班的协作态势，学生则清晰认知自身在整体任务中的定位。原本需要口头传达的复杂指令转化为直观的图形语言，显著降低了远程沟通的理解成本，分散在各地的学习者如同置身于同一指挥系统下协同工作，既保持了教学活动的弹性空间，又确保了集体目标的稳步推进。这种创新性的流程呈现方式使得跨空间协作具备了前所未有的组织效率，为分布式教学模式提供了可靠的管理支撑。

（四）虚拟道具操作权限沙盒

虚拟教学环境中的权限管理需要建立灵活而稳固的控制体系，在保障系统安全的前提下最大限度释放创作自由。根据教学活动的实际需求将参与者划分为不同权限层级，初级学习者获得基础工具套装，可进行常规性实践操作；教学助理等进阶角色则开放更多高级功能模块，这种分级授权机制既维护了教学秩序，又激发了学习动力。每个操作行为都被限定在独立的安全空间内执行，即使发生操作失误也不会影响整体系统运行，这种隔离设计为学习者提供了大胆尝试的勇气。所有操作痕迹都会被完整记录并生成可视化日志，教师可通过时间轴回放功能追溯每个创作环节的演变过程。这种管理模式的创新之处在于构建了收放自如的实践环境，学习者既能在安全范围内自由探索创意方案，又能在无形中培养起规范操作的职业素养。教学系统既不会因为过度限制而扼杀学生的创造力，也不会因完全开放造成失控风险。这种平衡性的权限设计为远程协作中的创意实践搭建了理想平台，使虚拟空间的教学活动既充满探索乐趣又保持专业水准，为培养数字化时代的创意人才提供了可靠保障。

二、远程协作智能辅助系统

（一）冲突决策树智能推演系统

1. 矛盾场景识别与决策路径推演

教学过程中团队协作的冲突管理需要借助智能化工具实现理性决策，关键在于将实际经验转化为可操作的指导框架。系统开发首先需梳理教学实践中常见的矛盾类型，例如沟通不畅、创意方向产生分歧、任务进度不匹配等问题，将这些典型场景进行分类整理形成基础案例库。针对每类冲突特征提取关键决策要素，构建包含多种解决路径的树状逻辑结构，每个分支节点代表特定条件下的应对策略。当师生在协作中产生意见分歧时，系统通过语义识别技术快速定位矛盾核心，将预设的解决方案以流程图形式动态展示，清晰呈现不同选择可能引发的后续影响。

2. 动态规则库更新与协作平衡

决策模型通过持续收集教学实践中产生的新案例不断丰富知识库，使解决方案始终与教学需求同步进化。这种智能辅助工具的核心优势在于将复杂的矛盾调解过程转化为可视化的逻辑推演，帮助学习者理解冲突背后的因果关系，在维护团队创造力的同时建立科学的决策思维。通过预设的规则框架引导讨论方向，既能避免过度干预限制思维发散，又能防止无效争论消耗教学时间。这种动态平衡机制使远程协作团队能够高效转化分歧为创新动力，在保持创作活力的同时确保项目推进的有序性，为分布式教学模式中的团队协调提供了智能化的决策支持。

（二）版本迭代追溯管理系统

1. 设计演进轨迹可视化图谱

设计创作过程中的版本管理需要建立全周期的追踪机制，重点在于清晰记录思维演进轨迹。系统采用时间维度与空间维度相结合的方式，将每个设计方案的修改历程转化为可追溯的视觉化图谱。每次修改操作自动生成包含时间信息的独立存储节点，通过差异比对技术直观展现版本间的形态变化。

2. 修改节点关联分析与过程溯源

当需要查阅历史版本时，系统提供螺旋式的时间轴界面，对于重要修改节点，通过不同颜色标示创作者身份与修改意图。智能关联分析功能可自动识别不同版本间的逻辑承接关系，形成设计方案演进的关系网络。这种管理方式的教育意义在于使原本隐性的思维过程显性化呈现，使师生能够清晰观察设计概念的演变规律，在激发创新思维的同时培养严谨的版本管理意识。通过保留创作过程的完整记录，既尊重设计思维的跳跃性特征，又为教学反思提供翔实的实践依据，使远程协作中的创意迭代不再是碎片化的修改记录，而是转化为可视化的成长轨迹，为设计教学的过程性评价构建了可靠的数据基础。

（三）虚拟压力测试环境搭建

1. 多变量模拟场景构建

设计方案的实践检验需要构建安全的模拟空间，核心在于创造接近真实场景的测试条件。虚拟平台通过模块化设置搭建多维度的检测环境，可灵活调整光照条件、空间参数、使用强度等变量因素，观察设计方案在各种极端情况下的实际表现。系统采用阶梯式测试模式，从常规使用场景到高强度压力环境形成完整的检验流程，实时数据通过动态图表直观反馈设计性能。

2. 失效模式分析与优化建议生成

允许最大限度的实验自由度，即使出现设计失效也能在虚拟环境中安全呈现，所有异常数据自动生成改进建议清单。这种实验平台的教学价值在于将理论知识与实践验证紧密结合，学习者通过反复试错深入理解设计原理，在零风险环境中培养系统性思维。这既突破了传统实验室的物理限制，又避免了真实场景中的资源消耗，使创新设计教学获得更广阔的实践空间，为培养具有实战能力的设计人才提供了高效的训练平台。

（四）多学科知识图谱融合接口

跨领域协作需要构建知识体系的互通桥梁，重点在于打破专业间的认知壁垒。系统通过智能解析技术将不同学科的核心概念转化为可交互的视觉符号，构建起立体化的知识关联网络。系统根据当前设计任务的主题特征，自动推荐相关学科的关键知识点，通过动态概念图展示知识要素间的逻辑关系。为跨专业团队成员定制个性化的知识补充路径，帮助其快速建立必要的跨学科认知框架。这种整合机制的教学创新在于突破传统学科的单一视角，使视觉传达、数字技术、工程原理等多元知识有机融合。学习者既能在专业领域保持深度探索，又能通过跨界知识碰撞激发创新灵感，为培养具有综合素养的设计人才构建开放式的知识生态系统，使远程协作不再是简单的任务分配，而是转化为跨学科智慧交融的创新过程。

第三节 案例：阿尔托大学“虚拟品牌实验室”项目

一、虚拟品牌实验室核心技术架构

（一）虚拟品牌生态系统架构设计

1. 生态体系构建与品牌要素联动

虚拟品牌实验室的核心功能在于创建能够自主演化的数字生态体系，通过灵活的组合方式将品牌建设涉及的各个要素有机连接。整个系统采用层次分明的构建方法，最基础的硬件支持层主要负责管理计算资源和储存信息，中间的逻辑处理层包含品牌核心数据库、交互规则生成器、动态关系计算模块等重要组成部分，最上层的操作界面则为使用者提供直观的交互面板和即时数据反馈。

2. 动态参数调节与品牌资产可视化

不同层级之间通过信息传输通道保持实时联通，品牌的视觉符号、用户互动记录、市场变化数据在系统内部形成持续流动的循环网络。这种生态体系具备自我调节的智能特性，当外界市场环境发生波动时，系统能够自主调整色彩搭配方案、版面布局规则、图形应用规范等视觉元素的组合方式。这种架构方式在教学领域的重要意义在于把书本上的品牌理论知识转变成可以动手操作的动态模型，学生通过修改系统参数就能直接观察到品牌形象的变化轨迹，在虚拟空间里理解不同品牌要素之间的相互作用关系。这种教学模式既帮助学生建立整体性的设计思维，又培养他们对品牌发展全过程的掌控能力，为数字时代的品牌创新教育打造了高度仿真的实践环境，让原本抽象的品牌战略知识变成可以实际操作的构建过程，通过即时可视的系统变化反馈加深学生对品牌生态运行规律的理解。这种结合虚拟与现实的架构方式有效解决了传统品牌教学中理论与实践脱节的问题，使学生在动手操作中自然掌握品牌建设的系统性方法，通过反复调试参数来理解品牌要素间的联动效应，在虚拟环境中体验真实市场环境中的品牌运营挑战。这种沉浸式的学习体验帮助学生实现从局部优化到全局把控的思维转变，为培养适应数字时代的品牌设计人才提供了创新的教学载体。

（二）动态品牌叙事时空轴控制

1. 时空叙事框架与品牌价值传递

品牌故事的讲述需要突破单一时间维度的限制，建立能够融合过去、现在与未来的立体化叙事框架。系统通过建立三维时空坐标体系，将品牌发展历程划分为历史积淀、现实呈现和未来展望三个相互关联的维度，每个时间层面都设有可调节的影响力参数。历史维度运用深度数据解析技术提炼品牌文化遗产中的核心要素，现实维度整合社交媒体互动、市场调查结果等即时信息流，未来维度则借助智能预测模型生成多种可能的发展路径。三个维度联动的操作界面允许用户自由调配不同时间层面的比重关系，直观展示不同时间配比下品牌故事的传达效果。

2. 历史—现实—未来的品牌叙事推演

在教学实践中，学生通过滑动控制杆实时观察品牌形象的演变过程，深入理解时间要素对品牌价值传递的重要作用。这种时空控制系统的教育创新价值在于打破传统线性叙事的单一模式，使品牌故事能够跨越时间界限展现多层次的文化内涵，既保持品牌核心价值观的稳定性，又使品牌具备适应市场变化的灵活性。通过将抽象的时间概念转化为可视化的操作界面，帮助学生在虚拟环境中掌握品牌叙事的节奏把控技巧。这种创新的教学方法重新定义了数字时代的品牌传播教育模式，使学生能够同时兼顾品牌的历史传承与创新发展，在动态平衡中寻找品牌叙事的黄金分割点。通过多维时间参数的组合实验理解品牌形象塑造的复杂机理，在虚拟时空中体验不同时间策略带来的品牌认知差异。这种实践性的学习方式有效培养了学生的时间维度设计思维，为培养具有战略眼光的品牌设计师提供了全新的训练手段。

（三）用户旅程模拟沙盘推演

1. 虚拟消费者行为路径建模

消费者体验设计需要构建能够模拟真实市场环境的训练平台，重点在于完整还原用户与品牌互动的全过程。系统通过建立多维用户行为模型库，为每个虚拟消费者设定独立的情感变化规则和决策判断逻辑，形成具有差异化的需求特征图谱。模拟环境覆盖用户从初次接触到长期忠诚的全阶段接触点，构建起完整的体验闭环。在推演过程中，学生可以自由调整品牌接触点的分布密度、情感激励的设置强度、信息传递的时间节奏等重要参数，观察不同策略组合下用户体验路径的变化趋势。

2. 体验障碍点诊断与优化实验

智能分析系统即时生成用户情感波动曲线和行为轨迹热图，帮助发现潜在体验障碍和优化机会。这种模拟训练的教学价值在于将零散的用户体验知识整合为系统化的实践体系，通过反复实验培养学生的全局把控能力，使其能够预见设计决策对用户体验产生的连锁反应，在虚拟环境中掌握体验设计的动态调节艺术。这种教学模式既训练学生对具体接触点的细节把控能力，又培养其对整体体验流程的系统规划意识，为数字化用户体验教学搭建了可量化评估的训练平台。通过将抽象理论转化为可视化的行为轨迹，帮助设计师建立以用户需求为中心的动态设计思维，在模拟推演中理解不同用户群体的行为差异，掌握平衡商业目标与用户体验的设计方法，通过即时反馈数据调整设计方案，逐步形成兼顾创意与实效的设计决策能力。这种沉浸式的训练方式有效缩短了理论学习与实践应用之间的距离。

（四）多感官品牌体验矩阵构建

1. 跨感官协同设计与感知强度调节

品牌感知系统的创新需要突破传统视觉主导的表达方式，建立多维度感官协同作用的传达体系。系统通过集成化的接口设计整合视觉、听觉、触觉等多种感知通道，每个感官维度都设有独立的强度调节装置和协同作用计算模块。控制中心提供标准化的感官组合方案库，也支持自定义新型感官搭配模式，实时反馈设备将抽象的品牌概念转化为可感知的物理刺激。在教学实践中，学生通过调节感官参数组合，探索不同感官配置对品牌认知的影响规律，理解多感官协同作用中的增强效应与抵消现象。这种多维体验平台的教育创新价值在于突破传统设计教学的感官限制，培养学生运用综合感知手段传递品牌价值的能力。

2. 品牌认知效果的多维评估

通过虚拟现实技术实现感官刺激的精确调控与即时反馈，这种教学模式既训练学生对单一感官的精细化表达能力，又培养其多感官协同设计的节奏把控技巧。这种创新性的教学工具将品牌传播从平面视觉表达升级为立体感知体验，帮助学生理解不同感官维度在品牌认知中的作用权重，掌握构建完整品牌感知体系的设计方法，在虚拟环境中试验各种感官组合方案的效果差异，通过即时反馈数据优化感官参数配置，逐步形成跨感官协同设计的系统思维。这种实践性的学习方式为培养具有全感设计能力的新型设计师提供了创新平台，使品牌体验设计教学从单一维度走向多维融合。通过调节感官矩阵参数理解品牌感知的层次结构，在实验中掌握平衡不同感官刺激的设计要领，这种创新性的教学方式重新定义了数字化时代的品牌体验教育模式。

二、品牌教育创新工具应用

（一）虚拟消费者行为预测模型

1. 市场决策参数推演与行为反馈

虚拟品牌实验室通过搭建智能化的行为推演平台，将复杂的市场环境与消费者心理特征转化为可操作的数字化模型，形成具有自适应能力的预测体系。该平台整合多维度用户信息构建动态画像库，每个虚拟消费者都配备情感变化模拟机制和决策判断规则，能够真实反映市场环境中选择偏好的演变过程。系统的核心原理在于建立行为触发与反馈的联动机制，当调整品牌策略时，自动推演可能引发的认知变化，通过可视化界面直观展示消费者行为趋势与潜在转化路径。

2. 消费心理模拟与策略验证

教学过程中学生通过修改产品定位、传播方式等核心参数，观察虚拟消费者群体的行为反馈模式，深入理解市场要素与消费决策之间的相互作用关系。这种预测工具的教育意义在于将抽象理论转化为可交互的实践载体，使学生在虚拟环境中培养市场预判能力，通过参数调试掌握消费者行为的影响要素，在安全试错中建立数据导向的设计思维，既提升对个体特征的洞察力又增强对市场趋势的把控意识，为数字化营销教学构建可验证的训练平台。通过将理论推演转化为可视化的行为实验，即时反馈机制加深了对消费行为规律的理解。这种虚实结合的方式有效解决了传统教学中理论与实践脱节的问题，使学生在模拟推演中掌握真实市场环境中的决策技能。通过反复调整参数理解不同策略的市场响应差异，在虚拟环境中体验真实商业决策的复杂性，逐步形成兼顾创意与实效的设计思维，这种沉浸式学习模式为培养适应数字时代的营销人才提供了创新路径。

（二）品牌资产数字孪生库管理

1. 数字镜像资产版本控制

数字化品牌资产管理需要构建实时同步的镜像系统，将实体品牌要素转化为可追溯管理的数字资源。系统采用分层式存储结构，基础层完整记录品牌视觉符号、文化基因等核心元素，中间层设置智能化的版本管理与权限控制机制，应用层提供三维可视化操作界面与智能组合建议功能。每个数字单元附有完整的生命周期记录，品牌升级时自动生成新旧版本对比分析图。

2. 品牌基因重组与创新实验

教学实践中学生通过虚拟控制台进行品牌元素组合实验，即时获得市场适应性与认知匹配度的评估反馈。这种管理方式的创新在于将静态资产管理转变为动态实验过程，帮助学生理解品牌要素间的内在联系，通过虚拟试错掌握优化配置技巧，既培养学生的经典案例解析能力又训练创新系统构建思维，为数字时代的品牌资产管理搭建虚实结合的训练平台。通过数字孪生技术实现品牌价值的活化利用，使资产维护从被动保护转向主动创新，学生通过元素重组实验理解品牌基因的传承与创新关系，在虚拟操作中掌握品牌升级的节奏把控。通过即时反馈调整元素组合方案，逐步形成兼顾传统与创新的设计思路，这种实践性教学方式有效提升了品牌资产管理的教学效果。

（三）跨时区协同创意孵化机制

1. 分布式任务拆解与智能匹配

全球化设计协作需要突破地域限制，构建智能化协同平台，实验室通过云端创意工坊建立异步协作系统，设置智能任务分配与进度协调功能，将创意流程拆解为可并行处理的模块单元。系统内置文化差异识别机制，自动适配不同时区团队的工作模式，提供个性化协作界面与沟通模板。创意过程采用版本树管理、记录每个创意的演变轨迹，支持多地实时编辑与内容合并。

2. 文化差异补偿与创意融合

教学实践中学生通过虚拟协作舱参与国际项目，系统智能匹配工作时间并优化任务衔接，在保持创意连续性的同时促进跨文化思维融合。这种机制的教育价值在于培养全球化设计视野，帮助学生掌握分布式协作的节奏把控与资源整合技巧，通过虚拟协作理解文化差异对创意的影响，既训练个人创作能力又培养团队协作意识，为数字时代的创新教育构建无边界的教学环境。学生在跨国项目协作中体验文化差异带来的创意碰撞，通过系统提供的智能协调功能掌握跨时区工作节奏，在异步交流中理解不同文化背景的创意表达方式，逐步形成开放包容的设计思维。这种实践模式使跨文化设计教育从理论传授升级为沉浸式体验建立，有效培养了适应全球化需求的设计人才。

（四）实验数据可视化溯源系统

1. 设计决策轨迹热力图分析

教学实验数据的深度挖掘需要建立全流程追踪体系，将分散的操作记录转化为可分析的知识网络。系统通过智能采集技术实时记录实验操作数据，构建三维时空坐标下的行为轨迹模型，每个操作节点自动关联环境参数与决策背景。可视化界面运用动态热力图展示高频操作区域，时间轴回放功能重现设计思维演变过程。智能分析模块识别典型操作模式与创新突破点，生成个性化的学习优化建议。这种溯源系统的教学意义在于显性化呈现隐性设计思维，帮助教师精准诊断学习问题，使学生通过数据回溯理解自身思维特点，既提升设计反思能力又培养数据优化意识，为教学评价提供客观分析工具。

2. 思维过程回溯与优化建议生成

通过将教学过程数据转化为可视化知识图谱，教学反馈从结果评价转向过程指导，学生通过回看操作轨迹理解设计决策的演变逻辑，在数据反馈中调整优化设计思路，教师通过热力图分析掌握教学重点与难点。这种双向提升机制使教学设计更加精准有效，为设计教育评价体系创新提供了技术支持。

第六章 产教协同的生态化实践

Chapter 6

第一节 双轨制导师团队建设（学术导师 + 产业导师）

一、双轨导师能力融合机制

（一）导师能力模型与遴选标准构建

1. 复合型能力框架构建

双轨制导师团队建设的关键在于建立能够融合学术与产业双重优势的复合型能力框架，这种框架需要明确学术导师与产业导师各自的专业侧重与发展路径。学术导师的培养重点在于持续深挖设计学理的前沿动态，能够将抽象理论转化为可操作的教学方案，其核心能力体现在学术成果的教学转化效率与知识更新速度上；产业导师的选拔则着重考察其在行业内的实践经验积累，特别是将具体市场问题提炼为教学案例的转化能力。两类导师的评价体系需要设计交叉验证机制，既要用学术标准检验产业案例的教学适用性，也要用实践标准验证理论工具的实效价值。在具体遴选过程中，应根据教学周期的不同阶段灵活调整评估重点，例如在基础理论教学阶段侧重学术导师的指导深度，而在项目实践环节强化产业导师的指导权重。这种动态调整的选拔机制通过建立导师资源数据库得以实现，数据库持续收录导师的教学表现与行业贡献数据，为人才匹配提供精准依据。

2. 动态选拔与持续培养

为保障导师队伍的持续活力，需建立周期性能力评估制度，跟踪记录导师的知识更新轨迹与教学创新成果，将行业发展动态及时转化为能力培养指标。这种培养机制的核心价值在于打破传统教育中学术与实践的割裂状态，通过构建双向能力提升通道，使学术导师保持对产业趋势的敏锐感知，使产业导师提升教学活动的规范程度，最终形成既能把握理论高度又紧贴市场脉搏的导师团队。这种持续优化的选拔与培养体系，有效保证了产教协同过程中教育供给与产业需求的精准对接，为后续教学创新奠定坚实的人才基础，使双轨制导师团队真正成为连接校园与行业的桥梁，在保持学术严谨性的同时增强教学的实践导向，这种动态平衡的团队建设模式为应用型人才培养提供了可持续的师资保障。

（二）学术－产业导师协作界面设计

1. 标准化交互平台搭建

实现双轨制导师团队的高效协同需要构建专门的交互平台，这个平台应当具备将两类导师的专业优势转化为教学合力的功能设计。协作平台的核心在于建立标准化的沟通流程与知识交换机制，通过设置智能化的任务分配系统自动识别导师专长与课程需求的匹配度。平台功能模块需要涵盖教学计划协同制订、案例资源共享、在线研讨交流等多个维度，重点解决学术语言与产业术语的转换障碍。在界面设计上，应开发理论向实践转化的解释工具，同时配备实践案例的理论化分析模板，形成双向的知识解码系统。通过建立实时反馈通道，学术导师能够及时获取行业最新动态，调整教学方向；产业导师则可系统学习先进教学方法，提升指导效果。这种协作环境的价值在于创造持续的知识流动空间，使两类导师在联合备课、协同授课过程中自然形成互补效应，既保持学术探索的前瞻视野又增强实践指导的落地实效。

2. 知识解码与双向转化

为优化协作效果，平台应内置协作过程追踪功能，记录知识转化节点与创新突破轨迹，通过数据分析持续优化交互界面。这种动态演进机制有效促进了教育链与产业链的有机融合，使产教协同从表面合作升级为深层互动，通过知识对流的常态化实现教学资源的持续增值。

（三）双导师联合教研机制实施

1. 产教知识双向转化通道

双轨制导师团队的教研活力需要通过制度化的合作机制来激发，这种机制应当保证学术研究与实践创新的持续互动。联合教研采取主题工作坊与项目协作相结合的模式，按照理论深化、案例解析、方案设计的逻辑链条循环推进。在教研过程中，需要建立知识转化框架，将产业问题拆解为可教学的知识要素，同时将学术理论重构为可操作的教学工具。通过设置教学实验平台开展联合授课演练，两类导师在真实教学场景中检验教研成果的可行性。这种教研机制的核心价值在于构建产教知识双向转化的实体通道，使产业经验获得理论提升的同时，让学术研究获得实践验证，形成螺旋上升的创新循环。

2. 教学实验与成果迭代

为保障教研成果的推广应用，需建立成果转化机制将优秀方案标准化，既保持其核心框架的稳定性又允许根据具体情境灵活调整。这种机制创新有效解决了传统教研中理论与实践脱节的问题，使产教协同从偶发合作转变为系统创新，通过持续的知识再生产为教学改革注入持久动力，在遵循教育规律的前提下增强教学的产业适应性，最终形成具有自我更新能力的教学创新体系。

（四）产业需求转化与教学模块开发

1. 行业诉求教学化拆解

实现产教协同的关键在于建立产业需求向教学资源转化的系统化路径，这个过程需要设计科学的转化流程与可持续的更新机制。转化过程可分为需求分析、知识转化、教学重构三个阶段，通过建立需求分类框架将分散的行业诉求整合为可教学的知识集群，再运用教学设计原理将其转化为模块化课程内容。每个教学模块都需要预留动态调整空间，能够根据行业发展及时更新案例与训练项目，确保教学内容与产业前沿同步。

2. 双导师协同内容生产

在开发过程中，采用双导师协同创作模式，产业导师负责提供原始素材与实践视角，学术导师主导教学化设计与理论提升，最终形成理论与实践深度融合的教学资源。这种转化机制的创新在于构建了产教互动的良性循环，既能将产业动态及时转化为教学素材，增强课程实用性，又能将教学成果反馈给行业提升其理论价值。通过建立模块化资源库，支持教学内容的灵活组合与个性定制，这种转化体系有效解决了传统教学中知识更新滞后的问题，使产教协同真正成为推动教学改革的动力源，为培养适应行业发展需求的应用型人才提供高质量的教学支撑，在保持教育系统开放性的同时增强教学内容的产业契合度，形成教育与产业协同发展的共生关系。

二、协同生态持续优化策略

（一）导师行业经验知识图谱搭建

1. 实践案例的结构化转化

构建导师行业经验知识图谱的核心在于将产业实践中零散的经验转化为系统化的知识框架，这种转化需要从实践案例的深度解析入手，通过梳理设计项目中的关键节点与决策逻辑，逐步形成具有关联性的知识结构。知识图谱的建立始于对产业导师实际工作流程的分解，将复杂的行业经验拆解为可被教学系统识别的知识单元，再借助语义网络技术建立概念间的内在联系，最终形成覆盖设计思维、项目执行、创新策略等多维度的知识网络。图谱的维护需要建立动态更新机制，通过嵌入行业动态监测功能实时捕捉市场变化，采用智能关联算法将新兴趋势转化为新增知识节点，确保图谱内容与产业发展同步更新。这种知识管理方式的价值体现在将难以言传的实践经验转化为可共享的教学资源，不仅保留了产业导师独特的行业洞察力，还为学术导师提供理论研究的实践依据，形成可在不同教学场景中灵活调用的知识储备。

2. 动态更新与教学应用

在教学实践中，通过开发图形化的知识导航界面，导师能够快速定位特定领域的经验链条，将其融入课程设计的各个环节，学生则能通过可视化路径直观理解抽象理论与行业实践的对应关系。这种知识转化机制的创新性在于搭建了连接产业实践与教育研究的桥梁，使碎片化的行业智慧升华为结构化的教学资产，既增强教学内容的现实针对性，又推动学术研究的应用转化，通过持续的知识积累与优化形成产教协同发展的良性循环，为双轨制导师团队的知识创新提供坚实基础，确保教育供给始终与行业需求保持动态适配。

（二）跨领域导师培训体系设计

1. 双向能力渗透培养路径

跨领域导师培训体系的构建需要着眼于学术思维与产业实践能力的融合，通过设计渐进式的培养路径促进两类导师专业特长的互补发展。培训框架应当包含基础能力强化与跨界素养培育两个维度，学术导师的培养侧重行业认知的拓展与案例教学能力的提升，产业导师的训练重点在于教学规范的掌握与理论知识的衔接。培训内容需开发专门的知识转化课程，构建理论与实践相互解释的工具集合，帮助两类导师突破专业壁垒，建立共通的话语体系。

2. 沉浸式跨界思维训练

实施过程中采用沉浸式工作坊与项目跟学相结合的模式，通过模拟教学场景的角色转换促进彼此思维方式的相互理解，在真实项目协作中培养跨界的系统思维。这种培训机制的核心作用在于搭建知识流动的立体网络，使学术导师学会用产业语言阐释理论成果，使产业导师掌握用教育逻辑组织实践经验的方法。通过建立个人能力发展档案持续追踪培训成效，根据阶段性评估结果动态调整培训重点与训练强度，形成个性化的能力提升方案。这种培养模式的突破性在于改变了传统单向的知识传递方式，通过构建双向的能力发展通道，使两类导师在持续互动中形成复合型知识结构，既保持原有专业优势又拓展跨领域视野，为产教协同创新培育具备跨界能力的师资队伍，通过人才的持续成长保障教育体系与产业发展的深度契合。

（三）动态评价与资源匹配机制

1. 多维能力全景式评估

建立双轨制导师团队的动态评价体系需要兼顾教学过程与专业发展的双重维度，通过多维度的评估指标实时反映导师的综合能力成长。评价机制应涵盖教学创新度、行业贡献值、团队协作效能等关键要素，采用过程跟踪与成果验证相结合的方式，形成对导师能力的全景式刻画。资源匹配系统基于导师能力特征与教学任务需求的精准分析，运用智能推荐算法实现最优组合配置，既保证专业领域的深度对接，又预留跨界创新的弹性空间。

2. 智能推荐与弹性配置

动态调整机制通过嵌入教学周期的反馈节点，依据实际效果持续优化评价标准与匹配策略，形成评估—配置—优化的完整闭环。这种管理机制的本质在于构建产教协同的生态化运行模式，使师资资源配置从固定模式转向灵活优化，既激活个体发展潜能又增强团队协作效能。通过设置能力发展预警模块识别导师成长中的瓶颈问题，及时提供有针对性的资源提升与指导方案，保障团队整体能力的持续进阶。这种动态管理体系的创新意义在于实现了教育规律与产业逻辑的有机融合，使导师团队始终保持与行业发展同频的创新能力，通过机制创新推动产教协同从形式合作走向实质融合，为教育体系与产业需求的深度对接提供制度性保障。

（四）导师团队知识共享平台架构

1. 分布式知识库构建

构建知识共享平台需要统筹考虑知识流动的开放性与安全性，通过智能化的管理机制实现产教知识的深度融合。平台架构采取分布式存储与集中管理相结合的模式，设立学术理论、产业案例、融合创新三大核心知识库，开发多维度智能标签系统，提升知识检索效率。知识流转机制设计双向校验通道，学术知识需经过实践可行性验证后方可进入产业应用端，产业经验需完成理论化提炼才能融入教学资源库。共享过程引入贡献度积分与质量认证机制，既激发导师知识分享的积极性又确保资源共享的有效性。这种平台的教育价值在于构建了产教协同创新的数字化基座，将分散的个体智慧转化为可增值的集体知识资产，既加速知识传播又提升创新成果质量。

2. 贡献激励与质量管控

通过嵌入知识演进图谱功能直观展示学科交叉趋势，帮助导师把握创新方向，在知识共享过程中自然形成跨领域研究社群。这种平台设计的突破性在于实现了知识管理的生态化运作，使产教协同从简单的资源叠加升级为深度的知识融合，为视觉传达设计教育的持续创新构建智慧支持系统，通过知识生态的良性循环推动教育质量与产业需求的协同发展。

第二节 真实项目驱动的学习工坊运作模式

一、真实项目工坊运作机制

（一）项目筛选标准与教学适配评估

1. 产业需求与教学目标的双维匹配

真实项目驱动的学习工坊运作模式中，项目筛选需要与教学目标形成深度匹配的评估体系，这种匹配不仅需要考虑行业实际需求的真实反映，还要兼顾教学规律的具体要求。筛选标准的制定应当从行业价值、教学可行性和学生发展潜力三个方向展开，通过分析行业趋势的契合程度、知识结构的复合程度以及技术实现的难易程度等关键要素，构建起项目初选的核心框架。在具体评估过程中，需要着重考察项目内容与课程目标之间的对应关系，结合学生的认知水平和技能储备情况，对项目的可行性进行系统分析，同时通过任务复杂程度、资源支持力度和成果转化可能性等参数的设定，形成能够全面反映项目适配性的评估模型。为了保证评估机制的灵活性，需要建立动态调整机制，根据教学实施过程中获得的反馈信息不断优化筛选标准的权重分配，例如在基础教学阶段侧重技术操作的可行性评估，而在高阶教学阶段则更加强调创新思维的培养和行业前瞻性的考察。这种筛选与评估相互联动的机制，本质上是在产业实践与教育教学之间架设起沟通的桥梁，既确保项目内容能够真实反映产业现状，又保证教学过程的系统性和规范性，通过双重维度的严格把控使学习工坊的实践内容始终围绕人才培养的核心目标展开。

2. 动态评估与项目库迭代更新

项目库的建设需要定期引入行业内的标杆案例，根据教学周期的特点和学生的成长规律进行分类整理，形成具有明确梯度的项目资源池，为教学实施提供多样化的选择空间。筛选机制的独特之处在于突破了传统教学项目中普遍存在的虚拟化局限，通过真实项目的引入使课堂教学与行业发展保持同步，在不影响教学可控性的前提下最大程度地还原实践场景的真实性，为后续教学环节中的任务分解和教学设计奠定坚实的基础。这种机制通过将产业动态与教学需求有机结合，既保证了实践教学的针对性，又提升了学生适应行业变化的能力，形成从项目筛选到教学实施的全链条质量保障体系。

（二）工坊任务分解与模块化设计

1. 项目任务解构与教学模块重组

真实项目进入教学环节后需要进行科学合理的任务解构和模块重组，这种转化过程需要将复杂的项目任务转化为适合教学的知识单元。任务分解应当遵循从整体认知到阶段细化的逻辑路径，首先帮助学生建立对项目全流程的宏观认知框架，再将整体任务逐步拆解为需求分析、创意策划、视觉表现和技术实现等关键阶段，每个阶段进一步细化为具体的技能训练点。模块化设计需要特别关注知识体系的递进关系和能力培养的叠加效应，通过基础模块强化专业技能训练，利用创新模块激发创造性思维，借助综合模块培养系统性解决问题的能力。模块之间的衔接需要预设知识迁移的接口，比如在视觉表现模块中预先融入技术实现的基础训练，确保不同模块之间的能力培养形成有机衔接。这种设计方式的突出优势在于突破了传统线性教学模式的局限性，既保持了项目的整体性和真实性，又实现了教学实施的灵活性，教师可以根据学生的实际学习进度动态调整模块的组合方式和使用顺序。

2. 渐进式技能训练与知识迁移

模块资源库的建设需要保留必要的拓展接口，以便随着行业技术的更新迭代快速调整教学内容，例如及时补充交互设计或动态视觉等新兴技术模块。模块化设计的创新意义在于构建起项目实践与系统教学之间的转换枢纽，将真实项目的复杂性转化为可控制的教学变量，通过多样化的模块组合满足不同学生的学习需求，为后续教学环节中的动态角色配置提供结构化的支持框架。这种设计方式通过将产业实践要素转化为可操作的教学单元，既保持了实践教学的真实性，又确保了教学过程的规范性，在提升学生专业能力的同时培养其应对复杂问题的综合素质。

（三）学生角色动态配置机制

1. 能力导向的岗位轮换与职能拓展

在学习工坊的实施过程中，学生的角色分配需要突破传统固定分组的模式，建立起基于能力发展和项目需求的动态调整机制。在角色配置的初始阶段，需要通过系统的能力诊断评估确定学生的基础定位，结合项目任务的具体要求生成初步的角色建议方案，形成涵盖策划、设计、技术和协调等不同职能的合理分布。动态调整机制需要嵌入到项目推进的关键节点，通过阶段性成果评估和同伴互评数据的综合分析，对角色组合方案进行智能优化和适时调整。在配置过程中需要注重跨界能力的培养，通过设置角色轮换规则促使学生接触不同职能领域，例如让视觉设计岗位的学生参与用户研究环节，或者让技术执行岗位的学生加入创意讨论过程。这种机制的核心在于构建能力成长与角色挑战之间的动态平衡关系，既保证项目推进的效率和质量，又促进学生综合素养的全面提升。为支持动态配置机制的运行，需要开发可视化的角色能力发展图谱，实时呈现学生各项技能的成长轨迹，为角色调整提供直观的数据支持。

2. 角色配置数据化与成长追踪

角色配置的创新性体现在打破传统教学中静态分工的固有模式，通过流动性岗位设置模拟真实职场环境，使学生在角色转换过程中深入理解团队协作的本质要求，培养适应行业发展需求的复合型能力。动态机制的有效实施需要配套建立过程性评价体系，将角色履行质量纳入学习考核范畴，形成既有压力又有动力的学习环境，为项目管控系统的人员配置优化提供科学依据。这种机制通过模拟真实工作场景中的角色转换，不仅提升了学生的专业适应能力，还培养了其团队协作意识和职业发展潜力，为产教协同育人提供了有效的人员管理解决方案。

（四）项目进度可视化管控系统

1. 三维联动监控界面与预警机制

构建可视化的进度管理系统是保障学习工坊高效运行的重要技术支撑，通过将抽象的项目进程转化为直观的视觉呈现，实现教学过程的透明化管理和实时监控。系统架构需要整合甘特图、里程碑看板和任务状态矩阵等可视化工具，建立时间维度、任务流程和责任人信息三维联动的监控界面。进度管理需要设置合理的预警阈值和弹性区间，通过颜色编码系统清晰区分正常推进、风险预警和严重滞后等不同状态，为教师提供及时的干预调整依据。可视化系统的教育价值体现在培养学生项目管理意识方面，通过实时进度反馈增强学生学习的自主性和责任感，同时促进团队成员之间的信息共享，提高协作效率。

2. 多角色视图与进程优化策略

系统需要开发多角色视图功能，为教师提供全局性的管控视角，为学生生成个性化的任务清单，为团队展示清晰的协作关系网络。随着项目数据的持续积累，形成的案例库可以为教学优化提供参考依据，通过分析历史项目的进度模式提炼出最佳实践方案。这种管控方式的创新之处在于将企业管理工具转化为教学管理手段，在保持教育特性的前提下提升实践教学的专业化程度，使学生在真实项目实践中掌握现代设计工作方法，通过可视化的进程管理培养职业化的工作习惯，为产教协同培养应用型人才提供技术保障。可视化系统通过将复杂的项目管理过程简化为直观的可视化界面，既降低了学生参与真实项目的认知门槛，又提升了教学管理的精细化水平，在保证教学效果的同时促进学生职业素养的全面提升。

二、产教协同教学创新实践

（一）阶段性成果评审与迭代流程

1. 行业 – 教学双轨评审与闭环优化

真实项目驱动的学习工坊需要构建动态化的成果评审体系，这种体系通过多轮反馈与优化形成螺旋式提升的教学循环，确保学生在实践中逐步深化专业认知。评审标准的制定需要平衡行业规范与教学要求，从创意性、技术实现度和用户契合度等维度设立梯度化的评价指标，既体现专业水准又兼顾学生成长阶段的差异性。评审流程采用师生共评与行业参与相结合的复合模式，校内导师在把握教学方向的同时引入企业专家视角，使评价结果既符合教育规律又具备产业参考价值。迭代优化的核心在于建立闭环反馈系统，将行业建议转化为具体的改进任务，通过调整设计方向、优化技术方案或重构表现手法实现项目升级。这种循环机制的教学意义在于培养学生持续改进的职业习惯，使其理解设计作品从初稿到定案的内在优化逻辑。

2. 创意保护与能力进阶的平衡

在迭代过程中需注重保护学生的创新积极性，通过设置合理的容错区间和鼓励性评价维持学习动力，避免过度修正导致创意流失。教学档案的记录需要完整呈现各阶段的评审意见与修改轨迹，形成可视化的成长路径图，帮助学生清晰认识自身能力的进阶过程。评审体系的创新点体现在突破传统作业批改的单向评价模式上，构建教育与产业双重标准引导下的动态优化机制，使项目推进过程本身成为重要的学习载体，在持续迭代中促进理论认知与实操能力的深度融合。这种机制通过真实项目的阶段性打磨，让学生在实践中体会专业工作的完整周期，从需求理解到方案优化再到最终落地，形成完整的知识应用链条，为其未来职业发展奠定坚实基础。

（二）跨专业协作接口标准化

1. 学科语言转换与协作流程规范

产教协同背景下学习工坊的跨专业协作需要建立标准化的交互机制，通过统一的接口规范消除学科间的沟通壁垒，促进多领域知识的有机融合。接口标准化的核心在于构建共通的设计语言与协作流程，将视觉传达与其他专业的协作节点转化为可执行的操作指南，例如在需求对接阶段制定统一的 brief（简报）模板，明确功能诉求、技术参数和创意方向等关键信息的表述规范，确保不同专业背景的参与者能够准确理解项目要求。方案呈现环节需要建立跨学科的可视化表达标准，通过图形化、符号化的信息传递方式减少专业术语带来的理解障碍。标准接口的建立需充分考虑各专业特性，在界面原型、技术文档和沟通反馈等环节设计转换层，将工程参数转化为视觉设计师可理解的形态语言，同时保留必要的专业特色以维持学科独特性。

2. 复合型人才跨界沟通培养

协作系统的教学价值在于培养学生的跨界沟通能力，使其掌握将专业术语转化为通用表达的方法论，这种能力在复合型人才培养中具有重要作用。接口标准的持续优化需要建立动态维护机制，根据协作实践中的问题反馈定期更新版本，保持与行业发展同步。该机制的创新性体现在将产业界的协同工作模式转化为教学场景的操作规范，通过标准接口的搭建降低跨专业合作的学习成本，为复合型人才培养提供可重复利用的协作框架。这种标准化不是简单的机械统一，而是弹性适配的智慧结晶，既维护专业特性又创造对话空间，使学生在协作中体会真实职场环境的多维度需求。

（三）客户需求转化教学模型

1. 商业诉求解构与教学重构路径

将产业端的客户需求有效转化为教学资源需要构建专业化的转换模型，这一过程本质上是对商业诉求的教育解构与教学重构，通过系统化的方法架设起产业实践与课堂训练的桥梁。转化模型的构建遵循需求解码、知识映射和教学转化的三阶路径，首先通过需求分析工作坊解析客户的显性要求与隐性诉求，深度挖掘项目背后的设计逻辑与市场定位，继而将其拆解为设计思维、技术能力和项目管理等教学要素，最终转化为包含任务书、案例库和评估标准在内的教学资源包。模型运行的关键在于建立双通道过滤机制，既保留需求中的行业典型性特征以维持教学的真实性，又过滤掉过于商业化的非教育元素以确保教学的系统性。

2. 需求验证与双向校准机制

教学转化过程中需设置需求验证环节，通过学生方案反向测试需求解读的准确性，形成教与学的双向校准机制，这种互动过程不仅提升教学效果，更培养学生从需求端出发的系统思维能力。模型的动态维护需要建立需求案例库，按照行业领域、项目类型和难度等级进行分类存储，形成可扩展的教学资源生态系统。创新点体现在将传统教学中静态的案例讲解升级为动态的需求转化训练，使学生经历从产生原始需求到设计解决方案的完整思维过程，这种能力培养正是产教融合的核心目标。通过持续的需求转化实践，学生能够掌握商业诉求与设计表达之间的转化规律，具备既懂市场又精通专业的复合型素质，为未来职业发展积累重要资本。

（四）项目风险预案与应对策略

1. 教学化风险分类与预案库建设

真实项目进课堂必然伴随不确定性风险，建立教学导向的风险管理机制是保障产教协同成效的重要防线，这种机制需要将行业常见风险转化为可教学的管理知识。风险预案的制定需从教学维度重新定义风险类别，将技术风险、沟通风险和进度风险等常见问题转化为培养学生问题解决能力的教学案例。风险识别系统需设置双重触发机制，既包括常规的进度监控预警，也包含针对学生能力短板的专项扫描，通过多维度的监测捕捉潜在风险。应对策略库的建立要体现教育特性，将风险化解过程设计为教学案例，例如通过技术瓶颈突破训练学生的问题解决能力，利用沟通障碍处理培养团队的协作技巧，使风险管理本身成为教学内容的有机组成部分。风险管理的教学化改造关键在于把握转化尺度，既要保留真实项目的挑战性以维持实践教学的现实感，又要将风险强度控制在教学范围内以确保教育目标的实现。

2. 危机模拟与职业素质强化训练

预案演练需要融入教学过程，通过模拟危机场景培养学生风险预判与应急处理能力，这种训练方式能够有效提升学生的职业素养。该机制的特殊价值在于将传统教学回避的风险因素转化为教育资源，在可控环境中培养学生应对复杂状况的能力。这种创新模式既不同于企业的风险规避导向，也有别于传统教学的理想化预设，形成具有教学增值功能的风险应对体系。通过系统的风险管理训练，学生能够提前积累应对突发状况的经验，培养冷静分析、快速决策的职业素质，为未来参与真实项目奠定坚实基础。

第三节 案例：高校“乡村视觉振兴”在地化教学

一、在地文化振兴设计实践

（一）在地文化基因提取与转译策略

1. 原生符号解构与现代设计重构

高校“乡村视觉振兴”项目在挖掘地方文化特色时需要采用系统化的研究方法，将实地考察与符号解析相结合，重点收集具有代表性的视觉元素。在深入乡村调研的过程中需要全方位观察当地建筑特征、民俗习惯和手工制品等有形载体，同时记录口头传说和集体记忆中的无形文化内涵。对于收集到的文化符号，需要仔细辨别哪些是原本就存在的原生符号，哪些是后天衍生的次生符号，通过对传统图案、色彩组合和造型特点进行分类整理，最终形成系统化的文化基因图谱。将传统文化转化为现代设计语言需要找到传统与现代的平衡点，运用设计原理对原始符号进行重构，例如借鉴传统雕刻的布局方式改进平面设计的排版规则，或者提取戏曲服饰的色彩规律形成新的搭配方案。

2. 文化真实性验证与动态转化

整个转化过程必须经过当地居民的共同验证，通过定期交流讨论确保设计改造不偏离文化根源，这种双向沟通既保护了文化真实性又促进了创新发展。在教学训练中需要设置循序渐进的转化练习，从单个元素的改造延伸到整体视觉系统的构建，帮助学生建立从文化理解到设计实践的能力链条。这种策略的创新之处在于创建了文化元素的动态转化模式，使静态的文化保护转变为活态的设计创新，为乡村视觉建设提供了切实可行的工作方法。通过持续的文化基因提取与转译实践，学生能够深入理解地方文化精髓，掌握将传统元素转化为现代设计的核心技能，这种能力培养对于推动乡村文化振兴具有重要意义。

（二）社区参与式设计流程构建

1. 需求可视化表达与方案共创

乡村视觉设计项目需要构建村民全程参与的合作机制，通过多环节互动确保设计方案符合实际需求。项目启动阶段需要组织村民讨论会，使用图画、模型等直观工具帮助居民表达审美倾向和使用需求，将抽象感受转化为具体设计指标。方案设计过程中需要定期开展交流活动，通过制作简易模型或绘制效果图让村民理解专业方案，采用实物对比等方式协助村民做出选择。设计完善阶段需要建立实时反馈渠道，收集村民使用体验并及时调整方案，比如在制作村庄标识时通过实地测试检验识别效果。这种参与式流程的教学意义在于让学生认识到设计服务的本质，理解社区建设的基本规律。

2. 专业－本土智慧融合机制

流程优化的核心在于协调专业设计与村民意见的关系，通过建立专业方案库和村民意见库的互动机制，既保证设计质量又体现地方特色。这种模式创新体现在改变了传统单向设计模式，构建了设计师与使用者的合作平台，通过平等对话促进双向创造，使学生在实践中培养服务社会的责任意识。整个流程的构建需要特别注意沟通方式的适应性，采用通俗易懂的语言和可视化手段减少交流障碍，既保留专业设计的系统性又尊重村民的本土智慧，这种教学方式有效提升了学生的社会洞察力和实践协调能力。

（三）乡村视觉资产活化路径

1. 文化资源筛选与分层开发

实现乡村视觉资源的价值转化需要建立完整的开发路径，将传统文化元素转变为可持续利用的视觉资产。首先要对各类文化资源进行价值评估，从独特性、实用性和可操作性三个方面建立筛选标准，确定具备开发潜力的视觉素材。转化过程需要分层推进，对基础元素进行标准化整理，建立资源库；对特色元素进行重点开发，形成文化标志；对稀有资源进行精品化处理，提升价值。在实际应用中需要突破传统形式限制，将视觉元素创新运用于产品包装、导视系统和数字平台等现代载体，通过多领域结合创造更大价值。

2. 本土技能传承与持续生产

整个活化过程需要配套技能培训环节，通过组织村民学习班培养本土文化传承者，保障视觉资产的持续生产能力。这种路径的创新性在于构建了从文化资源到经济价值的转化链条，通过设计手段激发乡村视觉经济的自主发展能力，使学生在项目实践中掌握系统化的资源转化方法。通过参与完整的活化过程，学生能够理解文化保护与经济发展的辩证关系，培养出兼顾文化传承与创新应用的综合能力，这种教学成果对于推动乡村振兴具有积极意义。

（四）传统工艺现代性转化方法

1. 材料工艺改良与功能创新

推动乡村传统工艺的现代发展需要采取循序渐进的改造策略，在保持工艺本质的基础上探索新应用方向。改造工作要从分析材料和工艺特性开始，明确需要保留的核心技术和可以改进的环节。功能创新需要结合现代生活需求，将传统器物改造成实用物品或装饰品，例如将传统编织技术用于现代家居用品设计。视觉表现需要建立传统与现代的对话机制，通过调整造型比例、改变色彩组合、创新表面质感等方式实现美学更新。

2. 跨代协作与技艺活化

教学过程中需要搭建老艺人与设计师的交流平台，通过知识互补突破创新瓶颈，这种跨代合作既保护了工艺原真性又注入了现代活力。这种转化方法的特殊价值在于构建了传统工艺的持续发展模式，使学生在学习传统技艺的同时掌握创新改造能力，这种教学方法为非遗保护提供了教育层面的解决方案。通过参与工艺转化全过程，学生能够深入理解传统工艺的文化价值，掌握将古老技艺转化为现代产品的关键方法，这种实践经历为其未来从事文化遗产保护工作奠定了坚实基础。

二、视觉系统可持续建设策略

（一）地域色彩系统重建原则

1. 文化基因色谱采集与现代适配

高校在开展“乡村视觉振兴”项目时需要建立符合地方特色的色彩应用体系，这种体系的构建必须立足当地文化传统同时适应现代视觉需求。具体操作时需要组织师生深入乡村实地采集自然环境与人文建筑中的典型色彩样本，通过系统化整理形成能够反映地域特征的基础色彩数据库。在此基础上运用科学方法分析色彩之间的组合规律，确定主次色彩搭配关系并提炼出具有文化识别性的核心色系。在具体应用过程中需要结合现代技术手段对传统色彩进行适度优化调整，在保持原有文化韵味的基础上提升视觉表现效果。整个色彩系统的重建过程必须邀请当地居民参与方案验证，通过实际场景测试确保色彩方案既满足现代功能需求又承载文化记忆。

2. 传统色系动态优化与场景验证

教学实践中需要引导学生掌握从色彩采集到应用转化的完整流程，培养其将理论知识与实践操作相结合的综合能力。该原则的创新之处在于建立了动态可调节的色彩应用模式，使传统文化元素通过现代设计手段获得新生。这种教学模式不仅提升了学生的专业素养，更为乡村环境更新提供了可操作的色彩解决方案。通过参与色彩系统重建项目，学生能够深入理解色彩设计与文化生态的内在联系，掌握在保护传统的基础上进行创新设计的核心方法，这种能力培养对于视觉传达专业人才适应乡村振兴需求具有重要价值。

（二）公共空间叙事性设计框架

1. 文化线索空间转译与节点营造

乡村公共空间的视觉设计需要形成具有文化延续性的整体表达，这种表达应当建立在深入理解地方文化内涵的基础之上。在具体实施时需要首先梳理地域文化中的核心故事线索，将散落的历史记忆与生活习俗转化为可感知的视觉语言。通过系统化的场景设计将抽象文化元素转化为具体的空间节点，使不同功能区域形成有序的叙事序列。

2. 场所精神塑造与功能融合

视觉元素的组织需要注重空间体验的节奏变化，运用材质对比与光影效果强化文化表达的感染力。设计过程中需要充分考虑村民日常活动习惯，在功能性设施中自然融入文化符号，实现实用与审美的统一。教学过程中重点培养学生构建文化叙事系统的思维能力，使其掌握从文本解读到空间转译的设计转化路径。该框架的创新性在于实现了文化传播与空间设计的深度融合，通过视觉叙事提升公共空间的文化凝聚力。这种教学方法使学生掌握营造场所精神的核心方法，为乡村空间品质的提升提供创新思路。通过参与叙事性设计项目，学生能够理解文化要素与空间形态的互动关系，培养出兼顾功能需求与文化表达的综合设计能力，这种训练对于培养具有社会责任感的设计人才具有重要意义。

（三）村民设计赋能培训体系

1. 渐进式技能传授与在地化教学

实现乡村视觉建设的可持续发展需要重点提升当地村民的视觉创造能力，这种能力的培养需要设计系统化的培训方案。培训体系应当遵循渐进式的教育规律，从基础认知到实践应用逐步提升培训深度。通过直观易懂的教学方式帮助村民理解基本设计原理，结合实物分析培养审美判断能力。在掌握基础知识后开展实际操作训练，教授图形绘制与材料运用等实用技能，引导村民运用本土文化元素进行创意实践。高级阶段着重培养创新应用能力，帮助村民将传统工艺转化为现代设计产品。整个培训过程采用在地化师徒传授模式，邀请传统艺人与专业教师联合指导，确保知识传递的有效性。

2. 传统知识共享与创意转化

教学实践需要将培训内容与具体建设项目紧密结合，使村民在真实场景中巩固所学技能。该体系的创新价值在于构建了知识共享的双向通道，既提升村民的视觉素养又拓展设计教育的实践维度，通过能力共建形成持续的创新动力。通过参与培训体系建设，学生能够理解知识传播的本地化特征，掌握将专业知识转化为实践教学的有效方法，这种经验积累对于培养复合型设计人才具有重要作用。

（四）视觉系统可持续维护机制

1. 标准化应用规范与动态调整

保障乡村视觉建设成果的长期有效性需要建立多方协作的维护管理体系，这种机制需要统筹专业力量与在地资源。首先需要制定明确的视觉元素应用规范，形成便于操作执行的技术标准与指导文件。组建由村民骨干与专业人员共同参与的维护团队，通过定期培训提升日常维护能力。建立动态调整机制及时响应环境变化与使用反馈，确保视觉系统保持最佳状态。在运营保障方面探索多元化资金筹措方式，形成可持续的维护支持体系。

2. 多方协作维护与长效运营

教学过程中需要强化学生的全周期设计意识，培养其在方案设计阶段即考虑后续维护需求的专业习惯。该机制的特殊意义在于突破传统项目重建设、轻维护的局限，通过制度创新保障视觉成果的持续生命力，这种教学实践使学生掌握社会设计项目的完整运作逻辑。通过参与维护机制建设，学生能够理解设计落地后持续运维的重要性，培养出兼顾前瞻性与实操性的系统思维能力，这种能力训练对于提升设计方案的现实价值具有关键作用。

第三部分

教学评估与未来演进

第七章 多维评价体系构建

Chapter 7

第一节 过程性评估：Git 式版本管理系统在教学中的应用

一、设计创作全周期数据化评估

（一）版本控制系统与学习轨迹追踪

1. 创作节点存档与思维可视化

在视觉传达设计教学改革中引入版本控制技术需要构建适合艺术教育特点的应用模式，这种技术手段的核心价值在于完整记录学生的创作发展过程。教师通过设置合理的系统参数将设计作业的每个修改节点进行自动存档，形成具有时间维度的创作轨迹图。这种记录方式能够直观展示学生从概念构思到成果输出的完整路径，帮助教师识别创作过程中的关键转折点。学生在持续使用系统的过程中自然形成阶段性保存的习惯，这种操作模式的转变使学习过程变得可追溯与可分析。

2. 习惯养成与教师干预优化

教学实践中需要根据艺术创作特性调整技术工具的显示界面，增强对图像、视频等多媒体格式的支持能力，确保系统真正服务于设计专业的特殊需求。该方法的突破性在于将工程管理工具转化为教育观察窗口，通过客观记录弥补传统评价中主观判断的不足，为过程性评估建立技术支撑。教师通过分析版本演进数据能够准确发现学生的思维卡点，进而实施有针对性的指导策略，这种基于数据的教学反馈极大提升了指导效率。学生在回顾自身创作历程时能够主动反思改进方向，这种自我修正能力的培养对设计人才的专业成长具有深远影响。技术工具的应用不仅改变了教学评价方式，更潜移默化地塑造了学生的工作思维模式，这种双重效应使得版本控制系统成为连接技术手段与教育目标的创新桥梁。

（二）分支管理在创意迭代中的映射

1. 多路径探索与决策能力评估

将版本控制的分支管理理念融入设计教学需要建立符合艺术创新规律的实践框架，这种技术转化本质上是对创作思维的可视化呈现。系统允许学生在同一项目中创建多个并行开发分支，通过不同路径探索设计可能性，系统自动记录每个分支的演化轨迹。教师通过观察分支数量与合并策略可以评估学生的思维广度与决策能力，分支间的对比分析则揭示了创意发展的内在逻辑。

2. 思维广度与项目推进的平衡

教学过程中需要引导学生掌握分支管理的平衡艺术，在保持创作自由度的同时确保项目推进效率。该机制的创新意义在于将技术功能转化为思维训练工具，通过分支网络的可视化呈现帮助学生建立系统化的思考方式。学生在多分支实践中学会统筹管理不同设计方案，这种能力培养有效弥补了学校教育与行业需求的差距。技术工具的应用突破了传统线性创作模式的局限，为设计教育开辟了新的可能性，这种教学改革不仅改变了作业提交形式，更重要的是培养了学生应对复杂项目的全局掌控能力。

（三）提交记录与学习投入度关联分析

1. 行为数据转化与学习状态诊断

版本控制系统自动生成的提交记录为观察学生学习状态提供了新的视角，这种数据资源需要结合教育原理进行有效转化。系统记录的作业修改频率与时间分布反映了学生的学习节奏特征，教师通过分析这些行为数据可以洞察学生的创作习惯与投入程度。教学实践中需要建立合理的数据解读框架，将技术日志转化为反映学习态度的有效指标。该方法的创新性在于构建了客观行为与主观努力之间的解释桥梁，为教学评价增添了新的观察维度。学生在系统反馈机制的引导下逐步形成规律化的创作习惯，这种双向互动促进了学习行为的自我优化。

2. 节奏异常检测与精准干预

教师通过数据异常检测可以及时发现需要特别关注的学生，例如长期没有学习进展或习惯突击完成作业的学生，从而实现精准的教学干预。技术手段的应用不仅改变了评价方式，更重要的是培养了学生的自我管理意识，这种能力的培养对设计人才的长远发展具有基础支撑作用。数据驱动的教学管理使教育过程更加透明可控，为教学质量提升提供了新的实现路径。

（四）合并冲突解决能力评估模型

1. 协作障碍处理与专业素养评价

在团队协作设计项目中构建冲突解决能力培养机制需要建立科学的评价标准，这种能力训练是培养专业协作素养的重要环节。当多名学生协同修改同一设计文件时，系统自动记录的冲突处理过程为教学评估提供了真实素材。教师通过分析解决方案的技术合理性与创意整合度，能够有效评估学生的沟通协调能力与专业素养。

2. 冲突案例库与协作能力培养

教学实践中需要制定多维度的评价指标，既关注技术操作的规范性，也重视创意融合的协调性。该模型的创新价值在于将技术障碍转化为教育资源，通过真实场景训练提升学生的团队协作能力。学生在处理、合并冲突的过程中逐步掌握专业协作的核心要领，学会在个人表达与团队目标之间寻求平衡点。教师积累的冲突案例可以转化为教学资源，为培养协作能力提供丰富的实践材料。这种技术工具的教学化应用不仅提升了团队项目的执行效率，更重要的是培养了符合行业需求的协作型设计人才，这种教育创新使版本控制系统超越了单纯的技术工具属性，成为连接课堂教学与职业需求的实践平台。

二、技术工具的教育化评估转化

（一）代码评审机制的教学转化应用

1. 分阶段评议与创作过程反馈

将软件开发领域的同行评审理念引入设计教学需要重构符合教育规律的评议模式，这种转化本质上是对专业交流方式的创新性改造。教师通过设计分阶段的评议流程，使学生在作品构思、草图绘制、方案深化等不同创作阶段都能获得针对性建议，打破了传统教学中仅关注最终成果的单一评价模式。评审标准的制定需要兼顾艺术创作的特性与教学目标的达成，重点考察创意逻辑的合理性与视觉表达的精准度，借助结构化评价表引导评审者聚焦核心要素。参与互评的学生在角色转换中逐渐理解专业评价的多维视角，这种实践过程培养了学生以批判性思维审视作品的能力。

2. 多元视角与作品迭代驱动

教学实践中需注意平衡技术规范与艺术自由的关系，既要避免过度僵化的评价标准限制创造力，也要防止主观偏好影响专业判断，这种平衡艺术是教学机制转化的核心挑战。评审机制的革新意义在于构建了师生平等对话的协作平台，通过多元视角的持续反馈驱动作品迭代优化，使创作过程转变为集体智慧参与的动态循环。学生在接受多方评价的过程中深化对专业标准的认知，这种认知又反作用于个人创作实践，形成教与学相互促进的良性互动。教师通过系统化的评审记录分析，能够追踪学生专业认知的演进轨迹，为差异化教学指导提供依据。这种机制的应用使教学反馈从单向输出转变为多向互动，显著提升了教学指导的实效性。技术工具的教育化应用不仅改变了评价方式，更重要的是培养了学生以专业视角进行创作与评判的双重能力，这种复合型素养的培养对设计人才的职业发展具有奠基作用。

（二）版本回滚与错误修正效能评估

1. 纠错轨迹分析与思维重构观察

将技术系统中的版本回溯功能转化为教学观察工具需要建立符合学习规律的评估框架，这种转化本质上是对错误修正过程的教育价值挖掘。系统自动记录的版本更迭轨迹为分析学生的纠错策略提供了可视化窗口，教师通过观察回溯频率与修改路径可以评估学生的思维调整能力与学习韧性。教学实践中需引导学生认识版本回滚不仅是技术操作，更是思维重构与方案优化的认知过程，这种认知转换使应用工具升华为学习能力培养的载体。学生在反复试错中逐渐形成风险预判意识，通过对比不同阶段作品的差异主动优化创作策略，这种能力迁移对设计实践具有显著的现实意义。

2. 风险预判与抗挫能力培养

评估体系的创新性在于将操作记录转化为教学观察媒介，通过对修正行为的分析揭示学生的学习态度与思维品质，突破传统评价中重结果、轻过程的固有局限。

教师通过系统积累的修正案例构建典型问题解决方案库，为学生提供可借鉴的改进路径参考，这种资源建设使技术系统真正服务于教学目标的实现。学生在技术支持的安全环境中获得创新探索的自由空间，这种容错机制减轻了创作实践的心理压力，使版本回滚功能成为培养设计人才抗挫能力的重要教学媒介。技术工具的教育化应用不仅提升了教学效率，更重要的是培养了学生在复杂情境中灵活应对挑战的核心素养。

（三）贡献度可视化看板设计

1. 团队协作图谱与参与度量化

构建教学场景下的贡献度可视化系统需要遵循教育评价的基本原则，这种技术呈现方式的核心价值在于促进团队协作能力的有效培养。通过多维度数据整合将个体创作轨迹转化为直观的参与图谱，使个人努力与集体成果的关联性得到清晰呈现。教师需要设计科学的评估算法，平衡工作量与创新质量的关系，避免简单量化导致的评价偏颇，这种设计考量体现了教育评价中质与量的辩证统一。可视化看板的革新意义在于将隐性贡献显性化，通过动态反馈激发学生的团队参与意识，这种即时互动机制显著提升了协作项目的推进效率。学生在观察贡献分布时能够反思自身在团队中的定位，主动调整角色以提升集体效能，这种自我认知的培养对职业发展具有深远的指导价值。

2. 隐性贡献显性化与角色认知

教学实践中需警惕数据至上的评价倾向，强调可视化工具的辅助解释功能而非绝对评判标准，这种定位保持了技术系统作为教育工具的本质属性。看板设计应保留适当弹性空间以适应艺术创作的特殊性，这种设计思路体现了技术理性与人文关怀的有机融合。通过持续优化可视化呈现逻辑，使贡献度展示既体现客观事实又包容艺术评价的模糊特性，这种双重属性的平衡是教育技术工具开发的重要突破。技术手段的应用不仅改变了团队协作的呈现方式，更重要的是培养了学生在集体项目中准确定位与主动作为的职业素养。

（四）协作开发中的角色认知评估

1. 互动数据与职业能力映射

在团队项目中构建角色认知评估体系需要紧扣设计教育的培养目标，这种评估机制聚焦于学生在协作过程中的角色定位与能力发展。通过系统记录的互动数据与创作轨迹分析成员的角色演变过程，教师能够观察学生从被动执行到主动承担的成长路径。教学实践中需设计灵活的角色轮换机制，引导学生体验不同岗位的职责要求，这种多维度实践培养了适应现代设计需求的复合型人才的基础能力。评估体系的创新性在于将抽象的角色认知转化为可观测的教学指标，通过行为数据分析揭示学生的团队适应力与发展潜能。学生在角色转换中逐步理解专业协作的本质内涵，这种认知提升使技术工具的应用超越操作层面，触及职业素养培养的核心领域。教师通过构建角色能力发展模型，为个性化成长指导提供科学依据，这种评估方式增强了教学过程的预见性与指导性。

2. 动态反馈与复合型人才培育

角色培养需要协调个人特长与团队需求的辩证关系，这种平衡艺术的把握是评估体系设计的核心挑战。通过持续的角色反馈与动态调适建议，帮助学生建立清晰的职业发展认知，这种能力培养使技术工具的应用延伸至人才发展的深层维度，实现了教学手段与教育目标的内在统一。技术系统的教育化应用不仅提升了团队协作效率，更重要的是培养了符合行业需求的协作型设计人才。这种教学创新使版本控制系统超越了技术工具的原始属性，成为连接课堂教学与职业实践的重要桥梁。

第二节 社会价值评估：设计作品的影响力量化模型

一、设计作品社会价值评估框架

（一）利益相关者需求覆盖度评估

1. 多元需求分析与动态平衡

构建设计作品的社会价值评估体系需要从利益相关者的需求分析入手，这种评估方式的本质在于搭建创作实践与社会实际需求的连接桥梁。将设计作品的服务对象细化为不同群体时，需建立多维度的需求分析图谱，涵盖直接使用者、合作机构、行业组织及社会公众等多元主体，系统考察其核心诉求在作品中的实现程度。教师在教学中需要引导学生理解需求覆盖的双重性，既要关注显性功能需求的满足，也要发掘潜在的文化期待与情感共鸣点，这种复合视角的培养是评估体系构建的重要基础。通过创设真实项目场景中的多角色需求博弈训练，学生得以掌握平衡各方诉求的设计思维方法，这种实践导向的教学模式有效增强了作品的现实适应能力。需求覆盖度评估体系需要具备动态调整特性，随着社会环境变化持续更新需求数据库，确保评估标准始终与时代发展同步。

2. 需求优先级与解决方案映射

教学实践中应避免简单化的需求匹配倾向，强调设计创新对需求的引导作用而非被动适应，这种辩证思维的培养是评估体系教育转化的核心目标。通过系统化的需求分析训练，学生逐步形成以社会价值为导向的创作意识，这种意识的建立使设计教育突破单纯技能传授的局限，实现专业培养与社会服务的深度融合。评估过程中需建立需求优先级判断机制，帮助学生识别核心需求与衍生需求的关系，这种能力训练对复杂项目的决策具有重要价值。教师通过设计跨学科需求整合练习，培养学生将碎片化诉求转化为系统解决方案的能力，这种训练使评估体系真正服务于设计实践的社会价值实现。需求覆盖度评估的最终目标是通过教学引导，使学生形成对社会需求的敏锐洞察与创造性回应的能力，这种能力的培养是设计教育服务社会发展的重要体现。

（二）文化语义传播效能分析框架

1. 符号转译与语境适配性评估

评估设计作品的文化传播价值需要构建专业化的语义解析体系，这种分析框架的建立是对文化传承与创新双重使命的实践回应。在解构作品中的符号系统与意义生成机制时，需重点考察传统元素与现代语境的融合程度及其传播有效性，这种评估方法超越了单纯形式审美的传统评价模式。教学中着重培养学生的符号转译能力，通过解析文化符号在跨时空传播中的语义转换规律，使学生掌握文化内涵的现代诠释技巧。分析框架的创新性体现在构建多级传播效果评估指标上，既包含即时视觉冲击力的感知维度，也关注深层文化认同的培育效果，这种分层评估体系更符合文化传播的渐进性特征。通过建立典型文化符号案例库，帮助学生掌握语义重构的尺度把握技巧，为效能分析提供可参照的实践标准。

2. 文化误读预警与传播路径优化

评估过程中需要建立文化误读预警机制，通过语义溯源与语境还原确保传统精髓的准确传达，这种质量控制意识是教学体系的重要构成。持续的文化语义分析训练使学生逐步形成文化传播的责任意识，培养其在创新表达与本质传承之间的平衡能力。教学实践中需引导学生理解文化符号的动态演化特性，通过历史语境与当代语境的对比分析，增强作品的文化适应性。评估体系的构建需要关注传播渠道的适配性，分析不同媒介对文化语义传递效果的影响，这种多维度考量使教学指导更具现实针对性。通过系统的训练，学生不仅能掌握文化符号的运用技巧，更能理解文化传播的社会责任，这种复合能力的培养使设计教育在文化传承中发挥桥梁作用。最终形成的分析框架既要具备专业深度，又要保持教学可操作性，使文化语义传播效能的评估成为连接传统智慧与现代设计的有效工具。

（三）社会议题介入深度测量维度

1. 议题认知到行动激发的层级评估

建立设计作品与社会议题关联度的评估模型需要突破表层视觉表达的局限，这种测量维度的构建是对设计社会功能的系统性探索。通过设置议题认知、方案创新、行动激发三级评估指标，分析作品在问题提出、解决路径及影响延续等层面的介入效果，这种分层评估方法能更准确地反映设计介入社会问题的实际效能。教学中重点培养学生的社会观察能力，引导其从现象捕捉到本质剖析的思维升级，这种能力训练是提升介入深度的基础前提。测量体系的创新价值在于构建动态影响评估机制，不仅关注作品发布时的即时反响，更跟踪其引发的持续社会效应，这种长效评估视角使教学指导更具前瞻性。通过设置模拟社会议题的创作课题，训练学生平衡艺术表达与社会责任的辩证关系，这种场景化教学有效培养了学生设计思维的社会敏感性。

2. 介入边界与专业责任界定

评估过程中需建立风险预警机制，防止过度介入导致的专业边界模糊，这种平衡艺术的掌握是测量体系教育应用的重要课题。教学中需引导学生理解设计介入的适度性原则，通过案例对比分析不同介入方式的社会影响差异。测量维度的构建需要关注议题的复杂性特征，建立多因素关联分析模型，使评估结果更具解释力与指导价值。通过系统的训练，学生逐步形成以设计驱动社会改良的实践智慧，这种价值导向的培养使设计教育在新时代焕发更强的社会生命力。评估体系的应用需要结合教学反馈进行动态优化，通过持续迭代保持与社会发展的同步性。最终形成的测量维度既要体现专业深度，又要具备教学可操作性，使对社会议题介入深度的评估成为连接设计实践与社会改良的有效工具。

（四）公众参与度梯度评估模型

1. 参与层级划分与质量观测

构建设计作品的公众参与评估体系需要突破传统受众分析的局限，这种梯度模型的建立是对参与式设计理念的教学实践转化。通过划分认知接触、情感共鸣、行为互动、价值认同四个参与层级，建立从被动接收到主动传播的完整评估链条，这种分级评估方法能够更准确地反映设计作品的社会渗透力。教学中重点培养学生的用户中心思维，引导其从单向传播向双向互动转变，这种思维转型是提升参与度的关键突破点。评估模型的创新之处在于引入用户参与质量与持续性的动态观测指标，突破传统量化统计的平面化评估模式，使参与度测量更贴近真实社会影响。通过建立虚拟公众参与平台，训练学生处理多元反馈与调整设计策略的应变能力，这种模拟训练为梯度评估提供了实践验证场景。

2. 反馈引导与参与深化策略

评估过程中需建立参与引导机制，平衡专业主导与公众共创的尺度关系，这种平衡能力的培养是教学体系的重要目标。教学中需引导学生理解参与度的层次递进规律，通过案例分析不同层级的参与特征及其转化条件。评估模型的构建需要关注参与行为的动机差异，建立多维驱动因素分析框架，使评估结果更具实践指导价值。通过系统的训练，学生逐步掌握构建社会对话空间的设计方法，这种能力的提升使设计教育在促进社会共识形成方面发挥更积极的作用。评估体系的应用需要结合数字技术发展动态更新，通过智能分析工具提升参与度测量的精准度。最终形成的梯度模型既要体现理论严谨性，又要保持教学适用性，使公众参与度评估成为连接设计创作与社会影响的有效桥梁。

二、可持续与伦理评估机制构建

（一）设计干预可持续性影响预测

1. 生命周期动态模拟与效应推演

构建设计作品的可持续性影响评估需要突破短期效果评价的思维定式，这种预测机制的建立本质上是对设计行为长期社会价值的系统性探索。在分析设计干预可能产生的效果时，需综合考虑环境适应能力、文化延续特征以及社会接受程度等多重维度，通过建立从即时效应到长远影响的完整评估链条，形成对设计作品生命周期的全面认知。教学过程中应引导学生理解可持续性不仅是物质资源的节约利用，更包含文化价值的传承与创新，这种复合视角的培养是构建预测模型的基础。通过模拟不同时间跨度的设计场景，训练学生预判决策可能引发的连锁反应，这种实践训练有助于提升学生对作品全生命周期的管理能力。预测体系的创新点在于建立动态调整机制，能够根据社会发展阶段的变化及时修正评估标准，确保预测结果始终具有现实指导意义。教学实践中需要避免僵化的预测模式，强调设计行为与生态系统之间的动态互动关系，这种思维方式的培养是可持续性教育的核心目标。通过系统化的预测方法训练，学生逐步形成以可持续发展为导向的决策思维模式，这种转变使设计教育突破对短期成果的片面追求，真正实现专业实践与社会责任的深度融合。

2. 环境－文化－社会的复合影响评估

评估过程中需要建立周期性反馈机制，通过实际效果与预测结果的对比分析，持续优化预测模型的准确性，这种闭环管理意识的培养对提升设计决策的科学性至关重要。预测模型的构建需要平衡专业创造力与社会客观规律的关系，既要尊重设计师的主观能动性，又要遵循社会发展的基本规律，这种辩证思维的训练是教学体系的重要组成部分。最终形成的预测机制应当兼具理论深度与实践弹性，使可持续性影响预测成为连接设计创新与社会发展的重要桥梁，在教学中培养学生既关注当下效果又着眼长远价值的综合判断能力。

（二）伦理导向设计决策权重赋值

1. 伦理影响三层评估框架构建

建立伦理维度的设计评估体系需要改变传统以审美为主导的评价模式，这种权重分配方法的核心在于系统考量设计行为的社会责任。通过构建包含伦理影响、文化适配和技术规范的三层评估框架，可以更全面地分析设计决策中不同价值取向的平衡关系，从而更准确地反映设计过程对社会责任的承担程度。教学中需要重点培养学生的伦理敏感度，通过分析不同设计情境中的价值冲突，提升其道德判断与专业决策的协调能力。权重体系的创新性体现在动态调整机制的建立上，能够根据不同社会文化背景灵活调整伦理考量的优先级，使评估标准保持与时代发展的同步性。通过设置伦理困境模拟课题，训练学生在复杂价值观环境中寻找最优解决方案的思维能力，这种实践教学能有效强化设计行为的道德底线意识。

2. 价值冲突与决策弹性训练

评估过程中需要建立风险预警机制，通过设定基本规范与弹性空间的结合方式，平衡创意自由与社会约束的关系。教师应引导学生理解伦理标准的相对性特征，通过对比不同历史时期的伦理观念演变，培养其与时俱进的伦理认知能力。权重模型的构建需要关注地域文化差异，建立具有包容性的评估指标体系，这种开放性的设计思路使教学体系更具文化适应性。通过系统的伦理决策训练，学生逐渐形成将道德考量贯穿设计全过程的自觉意识，这种意识的培养使设计教育在商业化浪潮中保持应有的社会责任感。最终形成的评估体系应当兼具专业深度与实践指导性，使伦理导向的权重分配成为提升设计社会价值的重要工具，在教学中培养学生既重视创新表达又恪守道德准则的平衡能力。

（三）文化基因传承与创新平衡度

1. 传统元素的现代转译路径分析

评估设计作品的文化价值需要构建传统基因解析与现代创新转化相结合的评估模型，这种平衡度的测量本质上是对文化发展规律的实践探索。通过分析传统元素在当代语境中的转化路径，可以更准确地把握文化基因保留与创新表达之间的动态关系，突破非此即彼的简单化评价模式。教学中需要着重培养学生的文化解读能力，通过符号学训练掌握传统元素的现代转译技巧，这是保持文化生命力的关键基础。平衡度评估的创新性在于建立动态调节机制，能够根据文化生态的变化自动调整传承与创新的权重比例，使评估体系与文化演进保持同步。通过构建文化基因图谱数据库，帮助学生理解元素演变的历史规律，为平衡度判断提供可靠的参照依据。

2. 文化失真预警与传承创新的平衡

评估过程中需要建立文化失真预警机制，通过跟踪代际传播效果确保核心价值的准确延续，这种质量控制意识是教学体系的重要组成部分。教师应引导学生认识文化基因的动态属性，通过对比不同时代的创新案例，掌握文化传承的适度性原则。平衡度模型的构建需要关注地域文化特性，建立差异化的评估标准体系，这种灵活性设计使教学指导更具文化针对性。通过系统的平衡度训练，学生逐步形成在文化传承中寻求创新突破的实践智慧，这种能力的培养使设计教育在文化复兴中发挥更积极的作用。最终形成的评估模型应当兼具学术严谨性与实践操作性，使文化基因的平衡度评估成为连接传统智慧与现代创新的有效工具，在教学中培养学生既尊重文化本源又勇于创新突破的综合素养。

（四）空间叙事社会凝聚力评估

1. 场所精神构建与群体认同测量

构建空间设计的凝聚力评估体系需要突破传统功能分析的局限，这种叙事维度的评估是对空间社会价值的深层探索。通过解析空间符号系统的情感激发机制，可以更准确地评估场所精神对群体认同的构建效果，这种评估方法超越了单纯的空间美学评价范畴。教学中需要重点培养学生的叙事构建能力，通过场景模拟训练掌握空间元素的情感表达技巧，这是提升凝聚力的基础条件。评估体系的创新性在于建立多维影响指标，既关注即时的空间氛围营造效果，也重视长期社群关系的培育效能，这种分层评估更符合凝聚力形成的渐进规律。通过构建典型空间案例库，帮助学生理解叙事逻辑与情感共鸣的转化关系，为评估提供实践参照标准。评估过程中需要建立文化疏离预警机制，通过分析使用者的行为特征检测空间排斥风险，这种逆向思维训练有助于提升设计的包容性。教师应引导学生认识空间叙事的动态交互特性，通过观察使用者与空间的持续互动优化叙事策略的适应性调整。

2. 叙事策略动态适配与包容性设计

凝聚力模型的构建需要关注不同群体的特征，建立差异化的评估指标体系，这种针对性设计使教学指导更具社会实效性。通过系统的凝聚力评估训练，学生逐步掌握构建情感共同体的空间设计方法，这种能力的提升使设计教育在促进社会和谐方面发挥更重要的作用。最终形成的评估体系应当兼具专业深度与应用灵活性，使空间叙事凝聚力评估成为连接物质环境与社会关系的有效工具，在教学中培养学生既注重空间功能又关注社会效应的综合设计思维。

第三节
伦理评估矩阵：
技术应用的合规性审查框架

一、技术应用伦理评估框架

（一）数据采集边界与隐私保护评估

1. 数据采集边界设定与最小化原则

在视觉传达设计教育中，构建数据伦理评估体系需要首先明确信息收集的合理界限，这一过程的核心在于协调教学创新需求与个人信息保护之间的关系。当教学活动涉及用户信息采集时，应从信息类型、使用范围和存储时间三个基本维度建立综合考量机制，通过预先设定的采集清单与动态审核流程相结合的方式规范数据获取行为。教学过程中需要让学生理解隐私保护的深层含义，通过模拟实际应用场景训练其对敏感信息的识别能力，这是确保合规性审查有效开展的基础条件。评估系统的创新性体现在构建双向互动机制上，既包含对数据使用者的责任追踪，也设置信息提供者的权益确认环节，这种闭环设计强化了教学过程中的伦理约束效力。教师应当重点培养学生遵循数据最小化原则的能力，通过情景模拟训练，培养他们在满足教学需求的前提下尽可能减少数据采集量的思维方式。

2. 隐私保护分级机制与权益闭环

隐私评估的关键环节在于建立灵活的分级保护标准，根据信息敏感程度动态调整保护措施，这种智能化处理方式使教学资源管理更加规范有序。教学实践中需要警惕技术主导思维，着重强调伦理意识对技术应用的引领作用，这种价值观的培养是塑造负责任的设计师的重要环节。通过持续性的隐私保护训练，学生逐渐形成将伦理思考融入设计全过程的自觉意识，这种意识的建立确保技术应用始终处于合规框架内。评估模型的构建需要充分考虑技术发展的不确定性，为应对新型数据风险预留调整空间，这种前瞻性设计使教学体系保持与时俱进的能力。最终形成的评估机制需要在保障教学研究正常开展与维护个人权益之间找到动态平衡，在技术进步与隐私保护之间建立可持续发展的互动关系，这种平衡能力的培养有助于学生在未来实践中正确处理技术应用与伦理规范的关系。

（二）算法偏见可视化检测方法

1. 全流程偏见可视化映射

构建算法公平性评估体系需要突破传统技术审查的局限，将抽象存在的算法偏见转化为直观可见的视觉形态是该方法的核心创新。通过建立覆盖输入参数、运算过程和输出结果的全流程检测模型，将算法运行中潜在的歧视性问题转化为图形化表达，使原本封闭的技术系统变得透明可理解。教学过程中需要培养学生对算法思维的批判性认知，借助可视化工具训练其发现隐藏偏见的观察能力，这种基础技能的培养是构建公正算法的重要前提。检测方法的有效性体现在建立动态对应机制上，能够根据设计目标自动生成偏见程度的可视化指标，这种直观的呈现方式显著提升了教学过程中的问题诊断效率。教师应当引导学生理解偏见产生的复杂根源，通过参数调节实验掌握优化算法的基本方法，这种实践训练有助于强化技术应用的伦理自觉。

2. 偏见动态修正与算法公平训练

可视化检测体系的关键在于构建通用的符号表达系统，采用标准化的视觉语言展现不同维度的偏见特征，这种统一化的呈现方式提高了教学评估的准确性。教学实践中需要避免过度依赖技术检测手段，强调设计师的主观判断对算法优化的修正作用，这种人机协同思维的培养是规避技术偏见的核心策略。通过系统的可视化检测训练，学生逐步形成从算法开发到应用全过程的伦理监控能力，这种能力的提升使技术工具真正服务于设计公平。检测模型的构建需要关注不同文化背景的差异性，建立具有地域适应性的视觉表达规范，这种灵活性设计使教学指导更具现实针对性。最终形成的检测方法需要在技术严谨性与教学实用性之间找到平衡点，使算法偏见的可视化检测成为连接技术逻辑与设计伦理的纽带，这种能力的培养有助于学生在技术应用中保持清醒的伦理判断。

（三）技术依赖度临界点预警机制

1. 技术介入强度三维评估模型

构建技术应用的健康评估体系需要明确合理使用的边界，这种预警机制的本质是对技术过度使用的预防性干预。通过分析教学过程中技术介入的强度、替代程度和创新价值三个关键维度，建立包含不同警戒等级的动态监控标准，形成对技术依赖程度的实时评估。教学活动中需要帮助学生理解技术工具的服务属性，通过模拟技术失效场景训练其保持基础设计能力，这种核心技能的巩固是避免过度依赖的重要保障。预警系统的创新性体现在构建生态平衡模型上，将技术应用对创作思维、教学方法和评估体系的影响进行整体量化，这种全面评估更符合教育发展的客观规律。教师应当培养学生对技术应用的批判性思维，通过对比分析训练其识别技术包装下的虚假创新，这种思维能力的提升是保持教学本质的关键。

2. 替代性技能保留与批判性思维培养

预警机制的有效性体现在建立自我调节系统上，要能够根据专业发展需求自动调整警戒标准，这种动态管理使技术应用始终处于合理区间。教学实践中需要避免非此即彼的极端思维，强调传统技艺与数字技术的互补关系，这种辩证思维的培养是构建健康技术观的基础。通过系统的预警训练，学生逐步形成对技术应用的理性判断能力，这种能力的养成使设计教育在技术浪潮中保持独立品格。预警模型的构建需要关注技术更新速度，建立具有前瞻性的预测模块，这种超前意识使教学体系具备应对技术突变的适应能力。最终形成的预警机制需要在技术创新与教育本质之间找到平衡点，既要充分发挥技术优势又要防范过度依赖风险，这种平衡能力的培养有助于学生在技术应用中保持清醒认知，既不过度追捧也不盲目排斥新兴技术工具。

（四）文化符号误用风险评估矩阵

1. 文化符号溯源与安全使用范围界定

构建文化元素使用的安全性评估体系需要建立多维检测框架，这种矩阵模型的本质是对文化尊重的系统性考量。通过分析符号来源、使用场景和受众反应三条基本轴线，建立涵盖历史背景、地域特征和群体认知的立体化检测网络，形成对文化误用的全面防范。教学过程中需要培养学生严谨的文化解码态度，通过符号溯源训练掌握元素使用的历史背景，这种学术素养的积累是避免无意识误用的关键。评估矩阵的创新价值在于构建动态更新机制，能够根据文化研究进展自动调整评估标准，这种自我进化能力使教学指导保持文化敏感性。教师应当引导学生理解文化符号的流动性特征，通过跨文化对比训练掌握元素转化的适度原则，这种能力的培养是构建文化沟通桥梁的重要前提。

2. 误用风险动态预警与修正触发

风险评估的有效性体现在建立即时预警机制上，当检测到符号使用偏离安全范围时自动启动修正程序，这种快速反应机制提高了教学过程中的纠错效率。教学实践中需要避免简单化的处理方式，强调深入文化理解对符号创新的支撑作用，这种认知升级是避免形式化误用的根本途径。通过系统的风险评估训练，学生逐步形成对文化使用问题的预见能力，这种前瞻性思维的养成使设计创新始终沿着文化正轨发展。评估模型的构建需要关注亚文化群体特征，建立差异化的接受度标准，这种精细化设计使教学指导更具文化包容性。最终形成的评估矩阵需要在文化传承与创新表达之间找到平衡点，既要保证文化核心价值的准确传递，又要鼓励合理创新，这种平衡能力的培养有助于学生在文化元素应用中既保持敬畏之心又展现创造活力，使设计作品既承载文化记忆又符合时代审美需求。

二、合规性审查机制创新

（一）数字遗产归属权界定原则

1. 权属动态划分与弹性归属机制

视觉传达设计教育中，数字作品的权属认定需要建立多方协调机制，其核心在于平衡创作者个人权益与公共文化发展的双重需求。教学活动产生的数字作品往往具有文化价值，需从创作主体身份、应用场景特征、传播范围边界三个层面构建权属判定框架，通过预设的权属协议与灵活的协商机制相结合的方式规范作品管理流程。在教学过程中引导学生认识数字遗产的多重属性，借助作品流转场景模拟训练学生的权属意识，这是建立合规管理体系的基础。权属界定原则的创新性在于构建弹性归属机制，既保障原创者的署名权等基本权益，又赋予教学机构合理使用的共享权限，这种灵活安排提升了教育成果的社会价值转化能力。教师需要重点强化学生的知识产权保护观念，通过项目全流程跟踪训练提升其维护合法权益的实践能力，此类训练有助于学生形成规范的作品管理习惯。权属划分的关键在于建立动态调整标准，根据作品类型和应用场景差异自动匹配相应的归属规则，这种智能化处理方式使教学资源管理更具适应性。

2. 数字作品流转场景合规管理

教学实践中需警惕技术便捷性可能导致的权属模糊问题，强调法律规范对数字创作的指导作用，这种价值观的培养是塑造负责任设计师的重要环节。通过系统的权属管理训练，学生逐步形成将法律思维融入创作全过程的自觉意识，这种意识的建立确保数字作品始终处于合规管理框架之内。权属模型的构建需关注技术发展对作品形态的持续影响，为新型数字资产的权属认定预留调整空间，这种前瞻性设计使教学体系保持与时俱进的能力。最终形成的归属原则需在创作者权益保障与公共文化传播需求之间找到平衡点，在个人创新与集体智慧之间建立良性互动关系。这种平衡能力的培养有助于学生在数字时代正确处理创作权益与社会责任的关系，使教育成果既能激发个人创造力又能服务社会发展需求。

（二）技术失控情景模拟推演

1. 技术风险全景推演与应急预案库

构建技术应用的风险防控体系需要建立前瞻性演练机制，其本质是通过模拟实践预防技术异化带来的教育风险。从教学设计中的技术渗透程度、替代强度及不可逆性三个关键维度出发，构建包含潜在风险等级划分的推演模型，形成对技术风险的系统性认知框架。教学过程中需帮助学生全面理解技术的双面性特征，通过模拟技术系统故障场景训练其应急处理能力，这种基础能力的储备是应对突发状况的重要保障。推演系统的创新性体现在构建全景影响模型上，将技术失控对创作流程、教学组织、评估体系的多维影响进行立体化呈现，这种综合推演更贴近教育实践的复杂特性。教师应当着重培养学生对技术风险的预警意识，通过对比分析训练识别技术依赖潜在问题的能力，这种思维能力的提升是维持教学稳定性的关键要素。推演机制的有效性体现在建立动态调整模块上，能够根据技术发展现状自动更新推演参数，这种自适应管理使风险预判更具实际指导价值。

2. 技术替代临界点与人文价值锚定

教学实践中需避免简单化的二元对立思维，强调技术工具与人文价值的有机融合，这种辩证思维的培养是构建理性技术认知的基础。通过系统化的情境推演训练，学生逐步形成对技术应用的审慎态度，这种能力的培养使设计教育在技术变革中保持定力与方向感。推演模型的构建需关注技术迭代的加速特征，建立具有前瞻视野的预测机制，这种超前布局使教学体系具备应对技术突变的适应能力。最终形成的推演机制需在技术创新与风险防控之间建立动态平衡，既要保持技术探索的进取精神又要划定安全边界，这种平衡能力的培养有助于学生在接触新技术时保持清醒认知，既避免因过度保守错失机遇，又防止盲目冒进引发风险，使技术应用始终服务于教育本质目标的实现。

（三）伦理决策树生成工具开发

1. 价值冲突递进式决策模型构建

构建设计伦理的辅助决策系统需要突破传统理论教学的局限，其核心在于将抽象的伦理原则转化为可操作的判断路径。通过解析设计过程中出现的价值冲突、利益相关方诉求及影响范围三个关键要素，构建包含问题识别、方案分析、结果预测的递进式决策模型，形成可视化的伦理导航系统。教学过程中需要培养学生系统化的伦理判断思维，通过工具应用训练快速定位伦理焦点的能力，这种基础技能的训练是应对复杂伦理困境的前提条件。决策工具的创新性体现在动态知识图谱的构建上，能够根据实际教学案例自动生成决策节点，这种智能化处理显著提升了伦理分析的效率与准确性。教师应当引导学生理解伦理原则的适用范围，通过模拟决策场景训练其灵活运用工具的能力，这种实践训练有助于强化伦理决策的实践转化效果。工具开发的关键在于建立普适性评估标准，通过标准化参数设置实现不同场景的伦理适配，这种统一化设计理念提升了教学指导的普适价值。

2. 伦理节点动态生成与决策修正

教学实践中需警惕过度依赖工具的倾向，强调设计师主体意识对决策结果的修正作用，这种人机协同思维的培养是保证伦理判断人性化的核心策略。通过系统的工具应用训练，学生逐步形成将伦理框架融入设计决策的自觉意识，这种能力的提升使技术工具真正服务于道德实践。决策模型的构建需关注文化价值观的差异性，建立具有地域适应性的评估维度，这种灵活性设计使教学指导更具现实针对性。最终形成的决策工具需在标准化与个性化之间寻求平衡，使伦理决策树既保持原则性又具备实践弹性，这种平衡能力的培养有助于学生在复杂情境中做出既符合规范又体现人文关怀的伦理选择，使技术工具的应用始终服务于设计伦理的价值导向。

（四）透明度与可解释性评估量表

1. 设计逻辑可视化分级披露标准

构建设计过程的公开性评估体系需要建立多维检测标准，其本质是通过量化指标推动技术民主化进程。从设计系统的信息开放程度、逻辑追溯能力、决策可见性三个核心维度出发，构建包含数据透明、算法透明、结果透明的立体化评估网络，系统性地破解技术黑箱问题。教学过程中需培养学生开放透明的设计意识，通过可视化工具训练展示设计逻辑的能力，这种基础素养的积累是构建可信设计体系的重要前提。量表的创新价值在于动态反馈机制的构建，能够根据技术复杂程度自动调整评估重点，这种智能化处理使教学指导更具针对性与时效性。教师应当引导学生认识透明度的教育意义，通过全流程可视化训练掌握技术解释的方法体系，这种能力的培养是构建教学互信关系的基础。评估系统的有效性体现在梯度化指标的建立上，将抽象的可解释性要求转化为具体的教学行为标准，这种转化过程提升了评估结果的实际应用价值。

2. 技术黑箱破解与信任度量化评估

教学实践中需避免形式化的透明展示，强调实质性解释对设计质量提升的支撑作用，这种认知升级是避免表面化改进的关键所在。通过系统的评估训练，学生逐步形成主动披露设计逻辑的自觉意识，这种意识的养成使技术应用真正服务于教学目标的有效实现。评估模型的构建需关注不同受众的理解差异，建立分层递进的解释策略，这种精细化设计使教学指导更具传播效能。最终形成的评估量表需在专业深度与大众理解之间找到平衡点，既要保持设计系统的专业完整性又要确保过程的可解释性，这种平衡能力的培养有助于学生在技术应用中建立开放可信的设计实践模式，使设计成果既具备专业水准又能获得社会认同，在技术理性与人文关怀之间架设沟通桥梁，推动设计教育向着更开放、更可信的方向持续发展。

第八章
教育技术前沿探索

Chapter 8

第一节 脑机接口与创意效能监测

一、脑波数据驱动的创作过程解析

（一）脑波频段与创意阶段关联分析

1. 创意脑波特征信号捕捉与阶段映射

视觉传达设计教育中，研究大脑活动与创意过程的关系需要建立科学的观察方法，其核心在于理解思维变化时大脑产生的特定信号模式。当学生进行创意构思时，大脑不同区域的电信号会呈现规律性波动，通过捕捉这些波动中的特征信号，可以找到创意产生时的生物标记，这种关联性研究为教学改进提供了新的视角。教学中需要让学生认识到大脑活动与创作思维之间的联系，通过即时反馈帮助学生感知自己的思维状态，这是提升创作训练有效性的重要基础。研究方法的创新之处在于将看不见的思维活动转化为可观察的视觉图形，让教师能够更直观地了解学生的创意发展路径。

2. 创作节奏优化与生物标记反馈训练

教师需要指导学生学会分析大脑信号的变化规律，通过对比不同创作阶段的数据特征，培养学生把握最佳创作时机的意识，这种训练有助于学生形成科学的创作习惯。研究系统的重点在于整合多种观察手段，将大脑信号与创作行为、作品成果进行关联分析，这种综合视角使教学评价更加全面可靠。教学过程中要注意避免过度依赖技术设备，明确生理信号只是辅助判断工具，这种理性认知是技术合理应用的基础。通过持续的训练，学生能够逐渐学会监控自己的思维状态，这种能力的提升让创作过程从依靠直觉转向科学引导。研究模型需要考虑每个人的大脑特征差异，建立个性化的参考标准，这种精细化设计让教学指导更贴近学生的实际需求。最终的研究体系需要在技术精度与教学可行性之间找到平衡，既保证分析的专业性又适合日常教学使用，这种平衡能力的培养有助于学生借助科技手段提升创作水平，让先进技术真正成为设计教育的助力工具。

（二）注意力资源分配可视化系统

1. 专注力热力图谱与效率优化策略

设计教育中研究注意力的管理方法需要建立直观的观察体系，其本质是将大脑的专注状态转化为可见的图形显示。学生在进行设计任务时，大脑不同区域的活跃程度反映了注意力分布情况，通过动态图像展示这些变化，可以形成注意力轨迹的可视化图谱，这种系统为教师调整教学策略提供实时参考。教学中需要帮助学生理解注意力分配的科学原理，通过视觉化的反馈训练优化专注力的使用方法，这是提升设计效率的重要环节。可视化系统的创新性体现在将复杂的神经活动数据转化为简单易懂的图形符号上，让抽象的概念变成可操作的教学元素。教师要引导学生分析注意力分布与作品质量的关系，通过回顾训练发现注意力使用的盲区，这种训练有助于学生养成高效的创作习惯。

2. 注意力盲区识别与动态调节训练

系统的核心在于智能分析功能，能够根据注意力模式自动给出调整建议，这种即时指导让教学支持更加及时有效。教学过程中要避免完全依赖技术数据，强调人的主观调节能力，这种平衡理念是技术应用的关键原则。通过系统训练，学生能够掌握自主管理注意力的方法，这种能力的提升让设计过程从无序状态转向有序。观察模型需要考虑不同设计任务对注意力的需求差异，建立灵活的评价标准，这种动态调整让教学更精准地适配学生需求。最终的可视化系统需要在技术精度与使用便捷性之间取得平衡，既保证数据的准确性又便于课堂应用，这种平衡能力的培养有助于学生科学管理注意力资源，让认知能力真正服务于创作质量的提升。

（三）认知负荷实时监测与干预

1. 思维压力阈值预警与任务动态调适

设计教学中研究思维负担的调控方法需要建立动态监测机制，其核心在于保持学习难度与思维能力的匹配关系。学生在处理复杂设计任务时，大脑特定区域的变化反映了思维压力水平，通过实时追踪这些生理指标，可以建立认知负担的预警系统，这种监测技术为教学节奏调整提供了科学依据。教学中需要培养学生感知思维负荷的能力，通过预警提示训练学生识别过度压力的信号，这是保持良好学习状态的重要基础。干预系统的创新性在于建立自动调节机制，在检测到思维过载时及时提供辅助支持，这种即时反馈显著提高了教学指导的有效性。教师要让学生理解适度压力的积极作用，通过循序渐进的任务安排培养其应对挑战的韧性，这种训练有助于学生形成持久的创作耐力。

2. 认知弹性培养与压力转化训练

监测体系的关键在于综合多种判断依据，将生理数据与行为表现相互印证，这种多角度分析让教学干预更加精准。教学过程中要避免学生片面追求减轻负担，使其认识到适当压力对创意激发的作用，这种辩证思维是科学训练的基础。通过系统训练，学生能够自主管理思维资源，这种能力的提升让复杂任务处理从被动承受转向主动控制。干预模型需要考虑个体差异，建立个性化的调节方案，这种定制化设计让教学支持更贴合学生特点。最终的调控体系需要在技术灵敏度与教育适应性之间找到平衡，既保证监测的准确性又尊重学习规律，这种平衡能力的培养有助于学生在技术辅助下稳步提升认知能力，让科技手段真正服务于教学质量的持续改进。

（四）灵感激发态脑机反馈训练

1. 创意脑波特征强化与灵感回路构建

设计教育中研究灵感的培养方法需要建立生物反馈机制，其核心在于识别和强化创意迸发的生理特征。当学生产生创意灵感时，大脑特定区域的信号模式会发生显著变化，通过捕捉这些特征信号，可以建立灵感状态的识别系统，这种训练方法为创意能力培养开辟了新途径。教学中需要让学生理解灵感产生的生理基础，通过反馈训练主动引导创意状态，这种科学化方法改变了传统经验教学模式。训练系统的创新性在于建立正向强化机制，在检测到灵感特征时给予即时反馈，通过反复训练加强创意回路的形成，这种方法显著提高了灵感培养的系统性。教师要引导学生分析灵感状态与作品创新的关系，通过对比训练提升学生捕捉创意契机的敏锐度，这种能力培养有助于建立稳定的创作灵感来源。

2. 灵感状态稳定化与创作可持续性

训练体系的关键在于分阶段推进，从单个灵感到持续创意进行阶梯式强化，这种结构化设计使教学效果逐步累积。教学过程中要注意避免技术主导思维，保持人的主观创造力与客观信号的协同作用，这种人文理念是训练健康发展的根本。通过系统训练，学生能够掌握调控创意状态的方法，这种能力的提升让灵感获取从偶然事件变为可控过程。训练模型需要考虑不同创作主题的特点，建立多样化的刺激方案，这种灵活性设计扩展了教学应用的广度。最终的训练体系需要在技术效能与教育伦理之间取得平衡，既追求训练效果又保护思维自主性，这种平衡能力的培养有助于学生深度开发创意潜能，让科技工具真正成为激发设计灵感的合作伙伴。

二、跨模态创意协同的脑机接口应用机制

（一）跨模态创意协同脑波同步

1. 多感官协作的神经协调机制构建

视觉传达设计教育中探索多感官协作的创作机制需要关注大脑活动的整体协调性，其核心在于理解不同感官信息处理时产生的协同效应。当学生尝试将视觉元素与听觉素材融合创作时，大脑不同区域会形成特定的协调模式，这种神经层面的联动现象为观察创意整合过程提供了窗口。教学中需要让学生意识到感官协调对作品完整性的影响，通过实时反馈系统帮助其感知信息整合状态，这是培养跨媒介创作能力的重要基础。该研究方法的突破在于将复杂的神经活动转化为直观的动态图谱，使教师能够清晰观察到学生处理多源信息时的思维轨迹。教师应指导学生分析不同感官配合时的脑活动特征，通过比较视觉主导与听觉辅助状态

下的数据差异，帮助学生找到最优的创作协调模式，这种训练有助于学生形成灵活的多媒介创作思维。研究体系的关键在于建立智能调节功能，能够根据创作主题自动推荐感官配合方案，这种动态支持使教学指导更贴近实际需求。

2. 脑机接口技术的实践应用策略

实际操作中需注意技术工具与艺术直觉的互补关系，明确监测数据仅是辅助参考而非创作标准，这种认知是技术合理应用的前提。长期训练使学生逐步掌握调节感官协作的能力，这种提升让跨媒介作品从生硬拼接转向自然融合。研究过程中需考虑学生个体的感官敏感度差异，设计分层次训练方案以适应不同学习阶段，这种灵活安排使教学更具包容性。最终形成的教学体系需在技术精度与操作简易性之间找到平衡，使复杂的脑波分析工具转化为课堂可用的辅助手段，这种转化能力的培养有助于学生将科技优势转化为创作优势，为多感官协同创作开辟新路径。

（二）神经可塑性教学设计优化

1. 技能强化型神经回路构建训练

设计教育中提升学生的专业能力需要利用大脑可重塑的特性，其本质是通过科学训练构建高效的思维模式。持续的设计实践会促使大脑形成特定的神经回路，这种生理层面的改变为教学策略优化提供了自然依据。教学中应让学生理解重复练习与技能提升的生理关联，通过分阶段任务设计引导神经网络的定向发展，这是提高教学效率的关键。教学创新的重点在于将复杂技能拆解为可逐步强化的训练单元，使学习过程更符合神经适应规律。教师需要帮助学生感知自身学习节奏，通过及时反馈调整训练强度，这种动态调节有助于建立个性化的能力发展路径。

2. 个性化学习路径与神经适应周期

优化体系的核心在于建立双向互动机制，既根据学习进度调整教学内容，又通过任务设计引导神经网络的优化方向，这种循环促进模式使教学更具生命力。实践中需警惕过度训练对神经系统的负面影响，保持适度挑战与充分休息的平衡，这种科学认知是构建健康教学体系的基础。系统化训练使学生能够主动运用神经适应规律进行自我提升，这种能力的培养让技能学习从被动灌输转向主动建构。教学方案的制定要考虑学生个体的神经发育特点，设置弹性化的训练周期以适应不同成长速度，这种人性化设计使教育更具温度。最终形成的教学体系需在训练强度与认知负荷间找到平衡点，既保证教学效果又遵循生理规律，这种平衡能力的培养有助于学生建立可持续发展的学习模式，使脑科学原理真正服务于设计人才培养的全过程。

（三）情绪波动对设计决策的影响

1. 情感决策轨迹可视化与理性回归

设计教育中研究情感因素的作用需要关注情绪与判断的相互作用，其核心在于理解情感状态对创作选择的内在影响。不同情绪下大脑处理审美信息的方式会产生微妙变化，这种生理反应为观察情感对创作的影响提供了切入点。教学中应帮助学生认识情绪波动与作品风格的关联，通过实时监测训练其感知情感对决策的引导作用，这是培养理性创作思维的基础。研究方法的创新在于将抽象的情感影响转化为可视化的决策轨迹图，使教师能够直观把握学生的创作心理动态。教师需引导学生分析情绪特征与作品表现的关系，通过对比平静状态与激情状态下的创作差异，帮助学生建立情感管理意识，这种训练有助于形成稳定的创作心态。研究体系的关键在于建立动态调节策略，根据情绪特征提供适时的引导建议，这种及时干预使教学支持更具前瞻性。

2. 创作心态平衡与情绪管理策略

教学实践中需保持情感表达与技术监测的平衡，明确情绪观察旨在提升自我认知而非限制创作自由，这种理解是技术合理应用的前提。长期训练使学生能够自主调节情绪对决策的影响，这种能力的提升让创作过程实现感性与理性的有机统一。研究过程中需尊重学生的情感特质差异，设计个性化的引导方案以适应学生的不同性格特征，这种人文关怀使教学更具包容性。最终形成的教学体系需在情感引导与隐私保护间找到平衡点，既提升教学效果又维护学生心理安全，这种平衡能力的培养有助于学生在情感认知提升中实现创作质量的突破，使情绪管理技术成为设计教育的有益补充。

（四）脑机交互界面适配性研究

1. 认知特征匹配型交互系统开发

设计教育中优化人机协作需要研究思维与技术的匹配规律，其核心在于构建符合认知习惯的交互系统。学生使用脑机设备时的操作流畅度取决于技术界面与思维特征的契合程度，这种匹配关系为教学设备改进指明了方向。教学中需帮助学生理解界面设计对操作体验的影响，通过适应性训练提升设备使用的舒适度，这是保证技术辅助效果的基础。研究方法的突破在于建立双向优化机制，既改进设备界面适应学生的思维特征，又通过训练提升大脑对设备的适应能力，这种互动模式显著提高协作效率。教师应指导学生分析操作过程中的思维轨迹，通过对比不同设备的交互体验，帮助学生掌握优化使用效果的方法，这种训练有助于形成科学的技术应用习惯。研究体系的关键在于建立智能调节功能，能够根据实时反馈自动优化界面参数，这种动态调整使设备始终保持最佳适配状态。

2. 人机协作效能提升与设备进化路径

教学实践中需避免过度依赖技术设备，强调人的主体地位在创作过程中的核心作用，这种理念是构建健康人机关系的基础。系统化训练使学生能够自主优化设备使用策略，这种能力的提升让人机协作从简单操作转向智能配合。研究过程中需考虑学生个体的认知风格差异，设计多样化的适配方案以满足不同使用需求，这种灵活性设计使技术应用更具包容性。最终形成的教学体系需在技术创新与教育需求间找到平衡点，既保持设备先进性又确保教学实用性，这种平衡能力的培养有助于学生建立理性的技术应用观，使脑机交互技术真正成为提升设计教育质量的智慧工具。

第二节 区块链在作品确权教学中的应用

一、区块链技术赋能版权教育体系

（一）数字资产确权流程标准化设计

1. 创作认证机制与标准化流程构建

视觉传达设计教育引入区块链技术时需构建统一的作品确权体系，关键在于通过技术手段建立可信的创作认证机制。学生在完成数字作品后，利用区块链不可篡改的特性形成完整的版权证据链，这种技术特性为知识产权教育提供了实践平台。教学中需要引导学生理解确权流程的基本逻辑，通过模拟操作熟悉作品登记和时间戳固化等环节，这是培养数字时代版权保护意识的重要基础。标准化设计应着重简化操作步骤，将复杂的区块链技术转化为直观的可视化界面，使学生无须掌握底层技术即可完成确权操作。教师需指导学生比较不同存证方式的差异，通过分析中心化与分布式存证的特点，帮助学生建立正确的确权认知，这种训练有助于学生形成规范化的作品管理意识。

2. 教学场景适配与法律规范衔接

流程优化需要针对教学场景设计专用通道，根据课程作业、毕业设计等不同需求制定差异化模板，这种分层设计使确权服务更贴近教学实际。实际应用中需注意技术实施与法律规范的衔接，明确区块链存证在法律层面的效力范围，这种认知是技术合理运用的前提。通过持续训练，学生能够熟练运用标准化流程保护作品权益，这种能力的提升使确权行为从被动应对转向主动防范。体系构建需平衡技术效率与教学成本，在确权速度与操作便捷性之间寻找最佳结合点，这种平衡能力的培养有助于学生形成科学的数字资产管理思维，使区块链技术真正成为教学过程中的有效工具。

（二）智能合约在教学协作中的应用

1. 教学管理自动化与协作规则编码

设计教育中应用智能合约技术需关注其在教学管理中的自动化潜力，本质上是通过程序化规则提升教学执行效率。教师团队可将课程进度、作业提交等环节编码为智能合约条款，这种技术应用为教学流程优化提供了新思路。教学中需让学生理解合约自动执行的逻辑，通过参与条款设计培养数字化协作意识，这是现代教育能力培养的重要环节。创新点在于构建教学专用合约模板库，将常见协作场景转化为可复用的框架结构，这种模块化设计降低了技术使用难度。教师应指导学生分析合约条款与教学目标的对应关系，通过调整参数观察执行效果变化，这种实践训练有助于形成技术赋能教育的创新思维。

2. 动态合约模板与执行效果模拟

系统优化需要建立动态调整机制，根据教学反馈及时更新合约内容，这种灵活性使技术应用更具适应性。实施过程中需平衡技术工具与教育规律的关系，明确智能合约的辅助定位而非主导地位，这种认知是技术合理应用的基础。通过持续实践，师生可共同探索智能合约在教学中的创新应用场景，这种能力提升使教学协作从经验主导转向规则引导。应用模型需兼顾教学活动的动态特征，在程序规范与教学弹性之间保持合理张力，这种平衡能力的培养有助于智能合约技术深度融入教学实践，成为提升教育管理效能的有效手段。

（三）版权交易透明化追踪系统

1. 交易溯源机制与流通路径可视化

设计教育构建版权追踪体系需依托区块链的溯源特性，核心在于建立全流程可验证的交易记录机制。学生作品进入流通环节后，通过分布式账本技术实现交易信息的不可逆记录，这种技术特性为版权交易教学提供了实践平台。教学中需引导学生理解透明化追踪的技术原理，通过模拟交易掌握版权转让和收益分配流程，这是培养市场认知能力的重要环节。系统创新体现在构建教学专用的轻量化追踪平台上，将复杂节点网络简化为易用操作界面，这种转化使技术更适应教学需求。教师应指导学生分析交易记录的可视化呈现，通过追踪虚拟案例中的版权流转路径，帮助学生建立完整的价值认知体系，这种训练有助于形成规范化的交易习惯。

2. 教学专用轻量化追踪平台开发

体系优化需要建立教学演练模式，区分虚拟训练与真实案例的追踪策略，这种分层设计既保证教学安全又具有实践价值。实施过程中需明确教学系统与真实交易的本质区别，注重法律规范与教学目标的有机结合，这种认知是构建健康教学环境的前提。通过系统训练，学生能够掌握版权追踪的基本技能，这种能力提升使作品流通管理从粗放状态转向规范运作。系统构建需平衡功能完整性与操作复杂度，在技术性能与教学资源间寻找最佳结合点，这种平衡能力的培养有助于学生建立科学的版权管理思维，使区块链技术有效支持设计教育的市场化发展。

（四）分布式存储教学资源管理

1. 去中心化资源库与节点维护实践

设计教育应用分布式存储技术需重构传统资源管理模式，核心在于通过数据分散存储提升资源安全性。教师团队建设资源库时，利用区块链节点分布特性实现去中心化存储，这种技术转型为教学资源保存提供了新思路。教学中需让学生理解分布式存储的技术优势，通过参与节点维护实践培养学生的数据管理意识，这是数字化教学能力培养的重要组成。系统创新在于构建轻量化存储网络，在确保安全性的前提下降低技术成本，这种设计使分布式存储更适应教育场景。教师应指导学生分析存储节点的运行机制，通过模拟数据存取过程理解去中心化原理，这种实践训练有助于学生形成新型资源管理思维。

2. 智能检索功能与存储成本平衡

体系优化需要开发智能检索功能，结合教学需求设计精准定位工具，这种改进显著提升了资源使用效率。实施过程中需平衡存储成本与访问速度，通过合理节点布局兼顾安全性与便利性，这种辩证思维是构建可持续存储体系的基础。通过系统应用，师生可共同维护资源网络的健康发展，这种能力的提升使资源管理从集中管控转向协同共建。系统构建需考虑资源的动态增长特性，在容量扩展与系统稳定间保持动态平衡，这种平衡能力的培养有助于分布式存储技术深度融入教学实践，成为保障教育资源安全的新型基础设施。

二、教学场景区块链应用深化

（一）学术诚信区块链存证机制

1. 创作轨迹存证与原创性验证

视觉传达设计教育中维护学术诚信需要借助区块链技术的独特优势，通过建立可追溯的创作过程追踪体系来保障学术成果的真实性。学生在进行课程创作时，利用区块链网络对关键创作步骤进行实时记录，自动生成包含时间信息和操作细节的证据链条，这种方式为验证作品原创性提供了可靠的技术支撑。教学过程中需引导学生认识存证机制的基本原理，通过参与创作节点的标记操作将诚信意识融入日常实践，逐步培养职业伦理观念。开发适用于教学场景的简易存证工具是重要创新方向，将区块链的底层技术封装为直观的操作界面，让师生无需专业技术背景也能完成存证操作。教师应指导学生观察存证数据与作品成果的对应关系，通过追溯创作轨迹理解技术手段的价值，这种训练有助于形成严谨的学术作风。

2. 简易存证工具与诚信习惯养成

系统改进需要根据不同课程特点设计差异化的存证方案，在记录详细程度与存储效率之间寻求合理配置，这种灵活设计使存证服务更贴合教学实际需求。操作过程中需明确核心创作环节的记录标准，指导学生识别需要重点保存的关键节点信息，这种判断力的培养对提升存证质量至关重要。长期实践使学生养成主动存证的习惯，学术诚信建设由此转化为内在的行为准则。构建存证体系需兼顾数据完整性与运行成本，在信息翔实度与系统负载之间找到平衡点，这种综合考量能力的培养有助于学生形成科学的数字资产管理思维，使区块链技术成为支撑学术生态的重要工具。

（二）跨平台版权认证接口开发

1. 数据格式标准化与多平台互通

实现多平台版权保护需要建立统一的数据认证通道，关键在于开发能够连接不同系统的标准化接口工具。教学团队在设计版权认证方案时，通过制定通用数据转换规则实现区块链存证信息的跨平台识别，这种技术整合有效解决了作品在多环境中的保护难题。教学中应使学生理解接口开发的基本逻辑，通过参与参数配置掌握数据格式转换技巧，这是培养技术整合能力的重要环节。开发重点在于预置常用平台的对接模块，将复杂的格式适配过程简化为可调用的功能组件，这种预制化处理大幅降低了技术使用门槛。教师需指导学生分析接口功能与实际需求的匹配度，通过调整数据映射关系理解不同平台的认证特点，这种实践训练有助于形成系统化思维。

2. 动态适配模块与认证规则匹配

系统维护需要建立动态升级机制，根据平台规则变化及时更新接口功能，这种灵活性设计保障了认证体系的长期有效性。实施过程中需聚焦教学需求的核心目标，避免过度追求技术复杂度而偏离实际应用场景，这种务实态度是构建教学工具的重要基础。通过系统学习，学生能够掌握跨平台认证的技术实现方法，使作品保护范围从单一环境扩展至多元平台。接口体系建设需平衡功能扩展与维护成本的关系，在技术先进性与实施可行性之间找到结合点，这种权衡能力的培养有助于学生形成开放的技术应用视野，推动设计教育的跨平台协作发展。

（三）确权成本优化策略研究

1. 资源消耗可视化与智能调节

推进区块链技术在教学中的应用需要解决运行成本控制问题，重点在于建立高效低耗的操作模式。教学团队开发确权系统时，通过改进数据存储方式和验证流程降低资源消耗，这种技术优化为长期应用创造了条件。教学中需让学生理解成本构成的基本要素，通过比较不同方案的操作过程认识资源消耗规律，这是培养经济思维的重要环节。创新方向在于开发可视化的成本分析工具，将抽象的资源消耗转化为直观的图形展示，帮助师生更清晰地把握成本控制要点。教师应指导学生观察技术参数调整对成本的影响，通过改变节点配置或存证频率探索优化路径，这种训练有助于学生形成精细化管理意识。系统改进的核心是建立智能调节机制，根据教学任务需求自动分配网络资源，这种动态调整显著提高了资源利用率。

2. 教学周期适配与弹性资源配置

操作过程中需保持功能完整性与成本控制的平衡，防止过度优化削弱系统核心价值，这种辩证思维是构建合理方案的基础。通过持续探索，师生能够共同制定符合教学特点的优化策略，使技术应用从简单堆砌转向精准配置。策略体系构建需考虑教学活动的周期性特点，在资源分配与动态调整间建立弹性机制，这种应变能力的培养有助于学生形成科学的项目管理思维，为区块链技术的可持续应用奠定基础。

（四）数字水印与链上数据关联

1. 隐形标识嵌入与双重验证机制

强化作品版权保护需要结合数字水印与区块链技术，通过双重验证机制提升防护效果。学生在创作阶段嵌入隐形标识信息后，将特征数据同步存储至区块链网络，这种双重保障机制为版权验证提供了更可靠的依据。教学中需引导学生理解技术协同的工作原理，通过实践操作掌握水印生成与链上存证的配合方法，这是培养综合防护能力的重要环节。开发集成化的验证工具是主要创新点，将水印提取与区块链数据比对功能整合在统一界面中，这种设计提升了技术使用的便捷程度。教师应指导学生分析技术参数间的关联关系，通过调整水印设置观察防护效果变化，这种训练有助于学生形成精准的技术应用思维。

2. 防护强度调节与作品兼容平衡

系统优化需要建立自动化匹配机制，实现水印信息与链上数据的快速关联验证，这种改进大幅提高了验证效率。实施过程中需注意技术整合的适度原则，避免因防护过度影响作品视觉效果，这种平衡意识是构建实用体系的关键。通过系统训练，学生能够根据作品特点选择适宜的防护方案，使版权保护从单一手段转向组合策略。技术整合需考虑教学环境的实际条件，在技术先进性与设备兼容性之间保持合理平衡，这种务实态度的培养有助于学生建立有效的技术应用观，推动双重防护体系在教学中的实际应用。

第三节 量子计算对复杂视觉系统的模拟推演

一、量子计算赋能视觉系统推演

（一）高维数据可视化降维策略

1. 量子叠加态数据简化与特征保留

视觉传达设计教学中应对复杂数据的关键在于利用量子计算的多维处理能力，通过建立高效的数据简化与重构体系来解决信息过载问题。传统方法在处理多层次视觉数据时容易遗漏关键特征，而量子技术的叠加特性为同时分析多个数据维度提供了新的可能性。教学中需帮助学生理解量子系统扩展维度的基本原理，通过模拟量子关联现象观察不同数据特征之间的内在联系，这种训练是培养立体思维的重要基础。开发适用于教学场景的简化工具是创新重点，将复杂的量子运算转化为直观的可视化操作步骤，使学生无须深入理解物理原理即可掌握核心方法。教师应指导学生在简化过程中寻找信息保留的关键节点，通过调节量子运算参数探索数据特征的保存边界，这种实践有助于学生形成精准的维度控制能力。

2. 教学场景：量子运算实时反馈

系统改进需要设计实时反馈的教学界面，根据学习进度动态展示不同简化程度的数据表现效果，这种即时互动机制强化了学习过程的感知体验。实际操作中需协调传统方法与量子技术的配合使用，在确保教学可行性的前提下探索混合运算模式，这种技术整合意识的培养有助于拓宽学生的创新思路。通过长期训练，学生能够根据设计需求自主选择最合适的简化方案，这种能力的提升使复杂数据处理从模糊经验转向科学决策。构建完整方法体系需考虑教学设备的实际运算能力，在数据精度与处理速度之间建立动态调整机制，这种平衡思维的培养为量子技术在设计教育中的实际应用打下坚实基础。

（二）色彩量子态模拟与优化

1. 多维色彩参数叠加与动态混合

探索色彩表现的创新路径需要结合量子系统的叠加原理，通过建立多维色彩参数模型突破传统色彩理论的局限。常规色彩体系在表现复杂渐变时存在维度限制，量子计算的并行特性为模拟多层次色彩关系提供了新思路。教学中需引导学生理解量子参数编码的基本方式，通过构建色彩叠加状态观察非线性的混合变化规律，这是培养动态色彩感知的重要环节。开发教学专用的模拟工具是主要创新方向，将量子能量差异转化为可视化的光谱过渡效果，使抽象物理概念转化为实用的设计辅助手段。教师应指导学生在色彩协调中探索量子关联的影响，通过调整微观粒子参数发现新的配色规律，这种训练有助于突破传统配色思维的束缚。系统改进需要设计智能化的配色建议功能，根据设计主题自动生成符合量子规律的色彩组合方案，这种自动化支持显著提高了教学效率。

2. 艺术理论与量子计算的跨界融合

实施过程中需注意传统美学理论与量子技术的衔接融合，在保持艺术表现力的基础上融入科学运算元素，这种跨学科思维的培养是教学改革的重要方向。通过系统化训练，学生能够运用量子视角重新解析色彩构成关系，这种认知升级使色彩设计从主观经验转向科学推导。构建完整模拟平台需平衡理论深度与操作便捷性，在计算复杂度与教学实用性之间找到最佳结合点，这种综合判断能力的培养有助于量子技术真正服务于设计创新实践。

（三）动态布局量子算法加速

1. 并行运算优化复杂排列组合

提升视觉布局效率需要借助量子算法的并行运算优势，通过重构传统优化模式解决复杂排列组合难题。经典方法在应对动态布局时面临计算量激增的困境，量子优化原理为快速寻找最优解提供了新的技术路径。教学中需帮助学生理解量子跃迁的优化机制，通过模拟量子状态变化观察布局方案的快速收敛过程，这是培养计算思维的重要实践环节。开发教学专用的布局工具是创新的核心，将抽象的量子运算过程转化为可视化的元素重组动画，使复杂算法原理变得直观易懂。教师应指导学生在算法应用中分析量子干扰的影响，通过调整运算参数探索稳定性与效率的平衡点，这种训练有助于学生培养精准的算法控制能力。

2. 设计规范与量子约束的参数转化

系统优化需要建立常见设计规范的参数库，将艺术法则转化为量子运算的约束条件，这种预制化处理降低了技术应用门槛。实际操作中需保持艺术规律与数学模型的有机统一，避免过度依赖算法输出而削弱创意价值，这种辩证思维的培养是技术赋能设计的关键。通过持续实践，学生能够熟练运用量子工具辅助创作，这种能力提升使动态布局设计从手工调试转向智能优化。构建完整的算法体系需考虑教学设备的运算能力，在算法精度与运行效率之间建立动态调节机制，这种适应能力的培养为量子技术在设计教育中的深化应用创造了条件。

（四）视觉系统抗干扰能力测试

1. 量子测量构建多维干扰模拟

增强视觉系统稳定性需要建立基于量子技术的评估体系，通过模拟多维度干扰环境检验设计方案的稳健性。传统测试方法难以全面反映复杂环境的影响，量子测量技术为多因素干扰分析提供了新的解决方案。教学中需引导学生理解量子测量的基本特性，通过构建干扰因素的叠加状态观察系统响应的变化规律，这是培养工程思维的重要基础。开发教学专用的测试工具是创新重点，将环境干扰因素转化为可调控的量子参数，使抽象测试条件具象为可视化的控制界面。教师应指导学生在测试过程中分析量子关联性的影响，通过调整测量参数探索系统容错能力的临界值，这种训练有助于形成严谨的质量控制意识。

2. 智能诊断与系统容错临界分析

系统改进需要设计智能化的诊断功能，根据测试数据自动识别设计方案的薄弱环节，这种即时反馈机制提升了教学指导的针对性。实施过程中需考虑硬件条件对测试精度的影响，在模拟真实性与教学成本之间寻找合理平衡点，这种实践意识的培养是构建教学体系的重要环节。通过系统训练，学生能够自主设计完整的测试方案，这种能力的提升使系统评估从经验判断转向科学检测。构建完整的测试平台需考虑教学目标的阶段性，在基础验证与创新实验之间建立渐进式功能模块，这种分层设计能力的培养为量子技术在设计工程中的应用储备技术力量。

二、量子技术驱动设计优化创新

（一）复杂场景渲染效率提升

1. 量子并行光影路径追踪

量子计算技术为视觉系统的复杂场景渲染效率提升开辟了新路径，其并行运算特性突破了传统计算机架构的运算限制。在动态光影效果与粒子系统交互模拟中，传统串行计算模式导致渲染时长随场景复杂度剧增，而量子比特的叠加状态允许同时处理多线程任务，使材质反射路径与光线追踪的运算效率呈指数级提升。

2. 动态精度分配与即时反馈机制

面对城市景观或大型装置的三维可视化需求，量子算法通过动态调整渲染精度层级实现算力资源的最优分配，这种技术突破使教学实验中的设计参数调整能够即时反馈于场景呈现，大幅降低学生观察优化效果的时间成本。但需注意量子模拟环境与传统工作流程的兼容衔接问题，教学中应采取渐进式技术迁移策略，避免因工具断层影响学习连贯性。教育者需通过对比量子渲染与传统方法的底层运算差异，帮助学生建立适应技术迭代的认知框架。从教育发展视角看，量子渲染技术的应用将推动设计表现训练从成果展示向过程控制转型，这种转变要求课程体系重构参数调节与视觉反馈的关联机制，使技术革新真正服务于设计思维的深化。

（二）量子启发式设计优化算法

1. 多维参数协同优化与创意边界拓展

量子启发式算法为解决设计优化问题提供了新思路，其基于量子力学原理的概率幅概念能有效突破传统算法易陷入局部最优的局限。在色彩配置与版式布局的多维参数优化中，传统方法面对高维度问题时效率骤降，而量子算法通过叠加态表示解空间中的可能解，借助量子纠缠特性实现多变量协同调整，显著提升视觉元素的协调效率。教学中可通过搭建量子优化实验平台，使学生直观观察算法在品牌视觉迭代中的自组织过程，理解非确定性逻辑与机械式优化的本质区别。

2. 算法黑箱破解与设计主体性平衡

需警惕算法黑箱化导致的设计主体性弱化，教师应引导学生解析优化路径的关键节点，将量子计算结果转化为可理解的设计语言。技术融合需平衡工具效率与人文价值，避免算法生成导致创意趋同化，教育创新的关键在于培养运用量子思维拓展创意边界的能力，而非将算法异化为替代设计决策的自动工具。

（三）视觉元素量子纠缠模拟

1. 非定域关联与元素联动建模

量子纠缠现象的非定域特性为视觉元素关联建模提供了新视角，其超越经典物理的关联机制可解释复杂系统中的隐性互动关系。动态视觉识别系统中标志图形与辅助元素的协同变化常涉及非线性互动，传统设计方法难以构建多元素联动框架，而量子纠缠模拟通过建立元素间的量子态关联，为色彩、形态与运动轨迹的协调设计提供数学描述基础。教学实践中借助量子平台展示元素间的隐性关联，例如主图形调整触发辅助元素自适应变化的过程，有助于学生建立系统化设计思维。

2. 数学模型向设计参数的转化训练

需避免将量子模型简单类比为视觉隐喻，而应着重揭示数学模型与美学法则的内在联系，技术应用的核心在于将抽象关联概念转化为可操控的设计参数，例如通过调节纠缠强度控制视觉元素的响应阈值。教育者需指导学生辨析量子模型与传统法则的异同，在掌握新工具时保持对视觉传达本质规律的认知深度，这种平衡能力将成为未来设计师的核心素养。

（四）多目标优化量子求解器

1. 并行探索设计矛盾均衡解

量子求解器在处理视觉系统的多目标优化问题时展现出独特优势，其并行计算能力可同步探索多个优化方向。品牌升级等课题常需平衡辨识度提升、文化适配与成本控制等矛盾目标，传统方法难以有效协调相互制约的指标，而量子求解器通过构建多维解空间，利用叠加态特性显著提升多目标均衡解的搜寻效率。教学中可设置多重约束的视觉改造课题，引导学生观察量子算法在动态权衡中的决策过程，理解设计选择的不确定性本质。

2. 主观审美与量子决策的协同机制

需明确技术工具的适用边界，在涉及主观审美的维度仍需保留人工决策的空间，教育重点在于培养运用量子思维处理复杂矛盾的能力，例如通过概率诠释理解设计方案的潜在可能性。技术整合应聚焦于深化设计逻辑而非单纯追求参数优化，这要求教学体系建立技术应用与人文价值的有机联结，使量子计算真正成为拓展设计可能性的思维工具而非冰冷的技术符号。

第九章 未来设计师核心素养图谱

Chapter 9

第一节 技术素养：核心维度与建构路径

一、数字工具链的快速迁移能力

（一）工具底层逻辑认知框架构建

1. 底层原理认知与功能解构

在视觉传达设计教育体系中，技术素养的培养需要构建完整的认知框架，其核心在于突破软件操作的表层理解，转而关注数字工具背后的运行机理。从业人员应当系统掌握图形处理的核心算法原理，理解色彩管理系统如何通过数学建模实现跨媒介的色彩还原，以及不同文件格式间的交互协议如何影响设计输出的兼容性。这种认知体系的形成需要对计算机图形学的矢量运算原理、位图生成机制与人机交互的感知反馈模型进行有机整合，通过拆解主流设计软件的渲染引擎、图层管理系统等核心模块，帮助学生建立通用化的数据处理思维。当学习者能够识别不同工具在路径绘制、像素混合等基础功能上的算法共性时，就能在技术迁移过程中快速建立功能对应关系。

2. 可视化对照与元认知培养

教学过程中需要构建可视化的技术对照体系，将抽象的参数设置转化为可感知的交互模式，比如通过解析不同软件色彩配置文件的转换逻辑，帮助学生建立动态调整的色彩管理策略。这种训练模式的本质是培养工具使用的元认知能力，使学习者在面对新兴设计平台时，能够基于底层逻辑快速解构其功能架构，显著缩短技术适应周期。

（二）跨平台操作界面适配训练

1. 认知共性规律与界面布局解析

跨平台操作能力的提升建立在人类认知共性规律的基础之上，需要突破具体软件界面的视觉差异，把握交互设计的本质规律。各类设计工具虽然在视觉呈现上各具特色，但其菜单结构、工具面板布局都遵循着减轻认知负荷的基本原则。

2. 功能映射训练与异常应对策略

教学设计应当引导学生分析界面元素的视觉权重分布规律，理解高频功能模块的布局策略，掌握操作路径的最优化选择方法。通过设计跨软件的任务实现训练，比如要求使用不同工具完成相同的设计效果输出，能够强化学生对功能对应关系的感知能力。在这个过程中，需要特别培养操作异常的应对策略，指导学生运用逆向思维分析操作失败的成因，通过参数对比、流程回溯等方法定位问题症结。这种训练不仅提升工具使用效率，更重要的是培养技术应变能力，使学习者能够从容应对技术升级带来的操作范式变革，形成持续进化的技术适应力。

（三）技术迭代预见性培养路径

1. 技术演进规律与版本迭代分析

技术预见能力的培养需要建立动态的知识更新机制，其关键在于理解技术演进的内在规律。教学设计应当引导学生关注工具迭代的周期性特征，分析行业标准的演变路径，掌握技术升级的预判方法。通过系统梳理主流设计工具的版本更迭记录，可以归纳出功能优化的基本方向，比如实时渲染效率的提升路径、协同设计功能的演进趋势等。

2. 动态追踪体系与前瞻思维内化

需要建立技术动态追踪体系，培养学生从开发者文档、技术论坛等渠道提取关键信息的能力，形成其对技术趋势的敏锐感知。在这个过程中，批判性思维的训练尤为重要，需要引导学生辨别技术宣传中的概念炒作与实质创新，理性评估新技术的应用价值。可将前瞻性思维训练融入日常项目实践，比如在作品创作中预留技术升级接口，或进行未来技术场景的模拟推演。这种教学策略能够将被动接受转化为主动探索，培养与技术进步同步进化的专业素养。

（四）自动化工具的二次开发能力

1. 插件机制解析与自定义功能开发

自动化工具的二次开发标志着技术应用能力的进阶突破，需要构建系统化的扩展思维框架。教学重点应从基础操作转向工具生态的构建原理，深入解析插件系统的运行机制、脚本语言与核心程序的交互逻辑。通过拆解典型扩展组件的功能实现路径，帮助学生理解参数化设计模板的生成原理，掌握自定义功能的开发规范。

2. 调试思维培养与技术实现路径

实践环节需设计循序渐进的开发任务链，从简单的批处理脚本编写到复杂交互插件的开发，逐步构建完整的技术实现能力。在此过程中，应当强化系统调试思维的培养，建立从错误现象分析到代码修正的完整问题解决路径，包括异常日志的解读技巧、调试工具的使用方法等关键技能。这种能力的形成不仅提升了技术应用的自主性，更重要的是培养了将创意构想转化为技术解决方案的系统工程思维，为应对未来技术变革储备了核心创新能力。

二、技术素养的综合应用能力

（一）技术伦理决策模型内化

1. 伦理准则参数化内化机制

在技术素养的培育过程中，伦理维度的融入构成了设计师专业成长的重要基石。数字技术的广泛渗透带来了信息处理过程中的多重伦理考验，从数据采集阶段的隐私保护到成果输出阶段的版权归属，每个技术节点都需要建立明确的道德判断标准。

2. 技术操作与道德判断融合

教学实践中应当构建技术伦理与设计实践的双向映射机制，将抽象的价值准则转化为可操作的技术参数设置规范。这种转化过程需要经历认知重构、行为调适到意识内化的渐进式发展，帮助学习者在面对技术选择时能够自主触发伦理评估机制。具体实施路径包括建立技术伦理决策树模型，将复杂的价值判断分解为可执行的决策流程，使学生在图形处理软件中运用滤镜效果时自主评估图像篡改的合理边界，在界面设计工具中配置用户数据收集功能时自动触发隐私保护评估程序。这种教学策略的核心在于突破伦理教育的说教模式，将其转化为技术操作系统的内在约束机制，通过反复的实践演练形成肌肉记忆式的伦理反射，最终实现技术应用过程中道德判断与专业操作的有机统一。

（二）低代码/无代码工具应用

1. 可视化逻辑构建与模块化创新

低代码技术平台的兴起正在重新定义设计创新的技术门槛，这种变革要求教学体系进行相应的适应性调整。传统技术教育中强调的编码能力正在向可视化逻辑构建能力转型，教学重心需要转移到模块化思维培养与功能组件的创造性组合上。这种转变的本质是技术民主化趋势在教育领域的投射，它打破了专业程序员与设计师之间的技术壁垒，使创意表达不再受制于复杂的编程语法。

2. 数据流认知与交互逻辑预判

在教学实施层面，应当着重训练学生将设计构思解构为标准化功能单元的能力，通过可视化界面中的组件拖拽与参数配置实现创意转化。这种训练模式的关键在于建立抽象概念与具象操作之间的思维通道，使学习者在调整界面布局时能够同步理解背后的数据流变化，在配置交互逻辑时能够预判用户行为路径。通过设计阶梯式的项目实践，从模板化应用到组件化定制再到逻辑层重构，逐步提升学生对低代码工具的掌控维度。这种能力的培育不仅缩短了创意实现的技术路径，更重要的是培养了技术平权时代的创新思维范式，使不同专业背景的设计师都能在数字化创作中实现价值表达。

（三）技术生态位认知与选择

1. 工具功能定位与组合决策

技术生态系统的复杂化对设计师的工具选择能力提出了更高要求，这种能力建立在全面认知技术工具功能定位的基础之上。当前设计领域的技术工具呈现出专业化与细分化的特征，不同软件在功能侧重、操作逻辑、输出格式等方面形成独特的优势领域。

2. 动态评估体系与协同方案构建

教学过程中需要引导学生建立技术生态的全局认知框架，培养其根据项目特征快速定位适宜工具组合的决策能力。这种能力的形成需要突破传统教学中单一工具的精通模式，转而构建跨工具的功能比较与协同应用思维。具体实施路径包括建立技术工具的三维评估体系，从创作效率、输出质量、协作兼容性等维度对工具进行动态评价，在具体设计任务中形成最优技术组合方案。例如在动态视觉设计项目中，需要综合评估时间线编辑精度、渲染引擎性能、跨平台文件兼容性等关键指标，选择能够兼顾创作自由度与产出稳定性的工具组合。这种训练模式的本质是培养技术应用的策略性思维，使学习者能够在快速迭代的技术环境中保持选择主动权，根据项目需求灵活调整技术实施方案。

（四）工具链协同效应最大化

1. 接口规范掌握与格式转换技术

工具链的协同优化能力是技术素养的高级表现形式，这种能力体现在多种技术工具的有机整合与效能提升上。现代设计流程往往涉及多个专业工具的交替使用，如何实现工具间的无缝衔接与数据贯通成为提升创作效能的关键。教学实践中应当着重培养学生构建工具协同系统的思维能力，使其能够根据项目特征设计最优化的技术协作流程。这种能力的培育需要建立从工具特性分析到协作模式设计的完整认知链条，包括理解不同工具的数据接口规范、掌握格式转换的技术要点、构建自动化处理脚本等关键技能。例如在品牌视觉系统设计中，需要统筹矢量图形软件、三维渲染引擎、动态效果工具的技术参数，建立跨平台的颜色管理方案与文件输出规范。这种训练模式的核心在于突破单一工具的应用局限，通过对工具链的整体规划释放技术组合的创新潜力。

2. 真实项目协同优化与系统思维

教学实施过程中应当设置真实项目场景下的工具链优化任务，引导学生在反复的实践调试中掌握技术协同的规律，形成动态调整技术方案的系统思维。这种高阶技术素养的养成，不仅能够显著提升设计产出的质量与效率，更重要的是培养了学生应对复杂技术挑战的系统解决能力。

第二节 文化素养：在地化与全球化的辩证思维

一、文化基因的转化与创新路径

（一）文化基因提取与转译方法论

1. 文化解码与结构规律认知

视觉传达设计的文化基因转化能力培育需要建立系统化的认知路径，这种能力的发展始于对文化本质的深度理解。设计师在挖掘文化内涵时，需突破表象符号的简单挪用，转而建立文化元素与当代语境的动态对话机制。教学过程中应着重培养学习者对文化符号的解码能力，通过建立视觉元素的分解重组模型，使学习者掌握传统纹样结构规律与色彩心理映射的关联性。这种训练模式强调文化认知的层次性递进，从表层形式识别到深层意义解析逐步深入，帮助学生在解构传统元素时同步构建现代视觉表达体系。关键是要形成文化基因的编码思维，将零散的文化符号转化为可扩展的设计语言系统，在保持文化根性的同时实现创新转化。

2. 传统现代平衡与创新实践

教学策略的核心在于引导学生在传统与现代的张力中寻找平衡点，通过反复的视觉转译实践，培养既能承载文化记忆又符合时代审美的创造能力。这种能力的形成需要经历从文化认知重构、视觉语法转化到创新表达输出的完整过程，最终实现文化基因在设计实践中的有机生长。

（二）全球设计趋势在地性转化

1. 国际视野与本土意识融合

全球化趋势下的设计创新需要建立文化转化的双向调节机制，这种能力的培育关键在于平衡国际视野与本土意识的动态关系。教学实践中应当培养学生构建多维度的文化参照系，使其能够敏锐捕捉国际设计潮流的演变规律，同时保持对地域文化特质的深刻理解。

2. 潮流借鉴与地域文化转码

在借鉴国际经验的过程中，需要建立文化参数的筛选机制，从形式语言到价值内核进行分层解析，识别适用于本土语境的创新要素。这种转化能力的核心在于构建文化价值的转码系统，指导学生在吸收外来设计理念时主动融入地域文化基因，在形式移植过程中形成具有文化主体性的创新表达。通过建立跨文化对比分析的训练框架，帮助学生识别不同文化体系中的视觉语法差异，培养在多元价值体系中寻找创新交汇点的敏锐感知力。这种教学策略的最终目标是形成兼具国际视野与文化自觉的设计思维，使创新成果既能回应全球趋势又能彰显地域特色。

（三）文化符号语义重构训练

1. 符号解构与语境创新方法

文化符号的语义重构能力是突破传统表达窠臼的重要支撑，这种创新需要建立在符号认知与语境创新的双重维度之上。教学过程中应着重培养学习者对文化符号的深度解码能力，引导学习者突破固有意义的限制，通过元素解构与语境重置创造新的意义网络。具体训练方法包括建立符号语义的层次分析框架，从基础语义到象征意义逐级解构，进而通过视觉元素的维度拓展与组合创新实现语义转化。这种重构过程需要同步培养文化传承与创新突破的平衡意识，在保持文化精神内核的同时探索形式表达的多样性。

2. 层次分析与时代特征表达

通过渐进式的符号解构训练，帮助学生建立文化创新的方法论体系，使其在视觉表达中既能传承文化精髓又能体现时代特征。教学策略的关键在于构建符号创新的动态机制，使传统文化元素在当代媒介中焕发新的生命力，形成具有持续演进能力的视觉语言系统。

（四）跨文化语境设计表达

1. 多维文化认知框架构建

跨文化语境的设计表达能力建立在文化对话机制的构建基础之上，这种能力的培养需要突破单一文化视角的思维定式。教学实践中应当引导学生建立多维度的文化认知框架，培养其在差异中寻找共性、在冲突中创造共鸣的创新能力。通过构建文化要素的对比分析体系，帮助学生理解不同文化背景下的视觉语法差异，掌握色彩象征、空间构成等视觉要素的文化编码规律。这种训练模式的核心在于培养文化转译的桥梁思维，使学生能够将特定文化语境中的视觉语言转化为具有普适性的表达形式。

2. 文化冲突化解与共鸣设计

教学过程中需要模拟真实的文化交互场景，训练学生运用视觉语言化解文化隔阂的创新能力。这种能力的形成不仅提升设计作品的跨文化传播效力，更重要的是培养了处理文化复杂性的思维弹性。通过建立动态的文化适应机制，使设计创新能够灵活应对全球化进程中的文化碰撞，在保持文化主体性的同时实现有效的国际对话。

二、地方性知识的活化与传播策略

（一）地方性知识系统化整理

1. 文化认知框架与动态转化

地方性知识的系统化整理需要构建完整的认知框架与转化路径，这种整理工作的核心在于建立文化元素的逻辑关联网络。视觉传达教学应将零散的文化素材转化为可应用的设计语言体系，通过多维度解析将物质形态与精神内涵相连接，形成具有深度的文化认知结构。

2. 传统元素现代设计语言转化

整理过程需突破简单的资料收集层面，转化为能够支撑创新设计的动态知识系统，既要保留传统智慧的空间伦理与生态理念，又要建立与现代技术对接的转化接口。关键策略在于设计知识转化的梯度步骤，从符号特征提取到价值内涵转译形成连贯的转化链条，通过数字化工具构建可视化的文化基因库，使传统元素能够自然融入当代设计流程。这种系统化整理不仅需要技术层面的支持，更需要培养设计师对文化脉络的梳理能力，在保持文化基因完整性的前提下，探索传统元素在现代语境中的创新表达方式，最终形成具有持续生命力的文化设计资源库。

（二）文化冲突调解设计策略

1. 符号语义边界理解与共识

文化冲突的调解设计需要建立跨文化对话的思维框架，其核心在于培养对文化差异的转化与调和能力。教学过程中应强化学生对符号语义边界的理解，通过视觉语言重构建立文化共识的沟通渠道。

2. 文化特质保留与创新平衡

调解策略需从表层符号延伸到深层价值体系，在尊重文化特质的基础上寻找普适性的表达方式，既保持文化符号的识别性又拓展其解释空间。这种能力的形成需要经历从矛盾认知到解决方案设计的完整训练，通过模拟真实场景的课题实践，使学生掌握用视觉语言化解文化隔阂的创造性方法。关键点在于平衡文化特质的保留与创新突破的勇气，在设计中构建包容性的表达系统，使不同文化背景的受众都能通过视觉元素建立情感共鸣，最终形成兼具文化理解力与创新转化力的设计思维模式。

（三）非遗活化技术路径选择

1. 传统基因保存与技术适配

非遗活化的技术路径选择需要平衡传统基因保存与创新表达的关系，这种选择过程需建立多维度的评估体系与实施策略。教学实践中应引导学生构建技术适配的决策框架，综合考虑文化基因的传承需求与现代技术的创新可能。活化路径的核心在于建立传统技艺与数字技术的有机对话，通过参数化设计与虚拟现实等手段重构表现形式，同时保持工艺精髓的文化内核。

2. 数字媒介与工艺融合创新

技术融合不应停留在工具替代层面，而需深入理解数字媒介对文化传播方式的革新作用，构建传统元素的数字化表达系统。教学策略的关键在于培养辩证的技术选择能力，根据项目需求灵活组合传统工艺与现代技术，形成具有文化生命力的创新解决方案，使非遗技艺在当代设计生态中获得持续发展动力。

（四）文化认同感培育设计

1. 渐进式体验系统构建

文化认同感的培育设计需要构建渐进式的体验系统，通过视觉语言建立从认知到情感的完整连接。教学过程中应注重文化符号的层次化体验设计，从视觉感知到行为参与逐步深化文化理解。

2. 互动设计激活文化记忆

培育策略的核心在于设计介入的渗透性与互动性，通过空间营造与信息可视化构建沉浸式的文化体验场景。这种培育方式需要突破符号表层的视觉传达，深入挖掘文化元素的情感唤起功能，运用动态图形与交互技术激活文化记忆的感知通道。关键点在于建立文化认知的梯度培育体系，帮助学生掌握从形式认知到价值认同的设计转化路径，最终形成既能彰显文化特质又具有时代亲和力的视觉表达系统，通过设计创新强化受众对本土文化的情感连接与价值认同。

第三节 系统素养：复杂社会问题的视觉干预能力

一、社会问题的视觉化解析与系统设计

（一）社会问题可视化诊断工具

1. 社会现象视觉转化与问题梯度表达

社会问题可视化诊断工具的构建需要将抽象问题转化为可感知的视觉语言体系，关键在于建立现象与符号之间的转化逻辑。教学实践中需要培养学生将社会议题的复杂性分解为视觉要素的能力，通过色彩明暗、图形疏密、空间层次等视觉变量建立问题强度的表达梯度，使无形的问题显性化。

2. 动态诊断系统与多维观察视角构建

工具开发需突破传统数据图表的静态呈现，构建能展现时空演变与因果关联的动态视觉系统，通过交互设计实现问题维度的自由切换。有效性的核心在于视

觉层次的逻辑编排，既突出核心矛盾又保留背景信息，利用视觉对比与引导形成观察路径。教学过程中需同步训练问题拆解与视觉编码能力，从数据收集到符号选择形成完整的工作流程，使学生能够通过视觉叙事揭示问题本质。诊断工具的最终形态应具备多维观察视角，既能宏观展示问题全貌又能聚焦具体场景，通过视觉语言搭建起问题认知与解决方案的桥梁。

（二）跨学科知识整合框架设计

1. 学科概念视觉翻译与知识拓扑构建

跨学科知识整合框架的设计需要打破学科间的认知壁垒，建立知识转化的视觉枢纽。视觉传达教学需培养学生将多元学科概念转化为统一视觉语言的能力，通过图形化界面实现不同领域知识的有机串联。整合过程的核心在于建立跨领域的视觉翻译系统，将抽象理论转化为具象图示，构建具有延展性的知识拓扑结构。

2. 动态知识网络与问题解决路径生成

教学实践中应强化概念转译的思维训练，指导学生运用视觉隐喻与符号重组实现知识的创造性融合。这种能力的培养需要兼顾学科逻辑的理解与视觉表达的创新，既要把握不同领域的思维范式，又要掌握视觉语言的通用规则。最终形成的整合框架应具有动态调整的弹性特征，能够根据项目需求灵活组合知识模块，形成支撑复杂问题解决的视觉知识网络。

（三）系统思维可视化训练系统

1. 思维要素互动关系与动态图示推演

系统思维可视化训练系统的开发需要将抽象思维过程具象为可操作的视觉路径。教学过程中应通过视觉工具展现思维要素的互动关系，利用动态图示揭示系统内外的关联网络。训练系统的有效性体现在思维层级的递进式构建上，从局部观察到整体把握逐步形成立体认知。

2. 非线性关联呈现与认知迭代反馈

工具设计需突破线性思维的平面表达，通过空间布局与动态连接展现非线性关联，使复杂系统的运行规律可视化。教学策略的核心在于建立思维迭代的反馈机制，通过视觉方案的持续优化展现思考质量的提升过程。这种训练需要经历从元素分析到关系建构的完整周期，通过视觉修正培养动态平衡能力。最终形成的训练系统应具备思维轨迹的视觉存档功能，能够通过历史对比展现认知发展的完整脉络。

（四）利益相关者地图绘制方法

1. 角色关系可视化网络与博弈轨迹推演

利益相关者地图的绘制方法需要将复杂关系转化为可视化的动态网络。教学实践中应指导学生通过视觉符号的层级设计展现角色定位与互动模式，构建多维度的分析框架。绘制过程需突破静态标注的局限，通过动态元素展现利益格局的演变轨迹，利用视觉变量表达博弈强度与方向。该方法的核心在于构建具有策略预判功能的关系图谱，通过视觉推演展现不同决策可能引发的结构变化。

2. 动态响应图谱与决策影响模拟

教学过程中需强化角色分析的深度训练，培养学生洞察显性诉求与潜在动机的能力，并将这种认知转化为具有指导性的视觉工具。进阶训练应包含情景模拟与方案优化环节，通过视觉调整训练提高复杂博弈的应变能力。最终形成的绘制方法应具备动态响应特性，能够通过视觉交互展现利益关系的实时变化。

二、视觉干预的系统化评估与优化

（一）视觉干预效能预测模型

1. 视觉元素行为关联与传播效果预判

视觉干预效能预测模型的构建需要将设计决策与实际效果建立可追踪的联系通道，关键在于将无形的设计构思转化为可观测的影响图谱。教学实践中应培养学生理解视觉元素与受众反应的潜在关联，通过分析色彩感知、图形识别、空间布局等视觉要素的协同作用预判传播效果。模型的开发需突破依靠直觉判断的传统模式，转而建立基于视觉认知科学的行为预测体系，将文化差异、群体特征等变量融入计算框架。预测精度的提升有赖于多维参数的有机整合，既关注视觉刺激的即时反馈又考察认知沉淀的长期效果。

2. 动态校准机制与场景化干预设计

教学过程中需加强视觉变量的解构训练，指导学生通过实验观察建立元素组合与行为反馈的对应关系库。模型的实用价值体现在动态优化机制上，能够依据实际反馈持续校准预测参数，培养自我完善的学习能力。最终形成的预测工具需具备场景适应的灵活性，既能评估文化传播的整体效能，又能针对特定社会问题制定干预方案。

（二）复杂系统简化表达策略

1. 系统本质保留与立体简化模型构建

复杂系统简化表达策略的制定需要兼顾信息完整性与认知负担的平衡，核心在于构建信息筛选的视觉逻辑框架。教学实践中应训练学生将多维系统要素转化为可理解的视觉层次，通过符号抽象、信息聚类、动态聚焦等方法实现复杂性的有序呈现。策略创新需突破简单删减的传统思维，建立保留系统本质的立体简化模型，利用视觉隐喻传递深层关联。有效性的关键在于构建渐进式的认知引导路径，通过视觉对比与层次递进帮助观察者逐步掌握系统全貌。

2. 动态适配表达与认知负荷平衡

教学过程中需强化系统要素的视觉编码训练，培养学生识别核心要素与次要变量的能力，并通过视觉强调突出关键信息。策略的深化应用需具备动态适配功能，能够根据受众认知水平智能调节信息密度，形成分层递进的表达体系。最终形成的策略应具备跨领域适应性，既能处理数据密集型系统的可视化表达，又能应对抽象概念的结构化呈现。

（三）反馈循环机制视觉化构建

1. 循环阶段动态呈现与调节规律揭示

反馈循环机制视觉化构建需要将动态过程与静态要素融合呈现，创新点在于将时间维度转化为可感知的视觉形态。教学实践中应指导学生通过视觉元素的动态编排展现循环阶段的特征，运用运动轨迹、状态标识、进程刻度等手法表现反馈效应的叠加过程。构建过程需突破单向流程的展示局限，建立双向互动的视觉模型，通过颜色渐变、形态演变等视觉语言揭示调节规律。有效性的核心在于形成视觉闭环的认知路径，使观察者能够直观理解各环节的因果关系。

2. 交互式视觉反馈与机制响应优化

教学过程中需加强动态视觉表达的专项训练，培养学生将抽象调控逻辑转化为可感知的节奏韵律。构建方法的深化训练应融入实时交互设计中，通过用户操作的视觉反馈展现机制的动态响应特性。最终形成的构建方法需具备多层级观察功能，既能展示循环机制的整体架构又能解析关键节点的运作细节。

（四）系统韧性设计评估指标

1. 多维压力场景与视觉适应特性编码

系统韧性设计评估指标的建立需要将抽象抗压能力转化为可观测的视觉维度，关键在于构建多维度的综合测评体系。教学实践中应培养学生建立环境变化与系统响应的分析框架，通过视觉符号的强度编码展现不同压力场景下的适应特性。指标体系构建需突破单一维度的评估局限，建立包含容错能力、恢复速度、转化效能等复合指标的立体模型。有效性的核心在于构建动态可视的监测系统，通过色彩变化、图形完整度、空间秩序等视觉变量反映系统的实时状态。

2. 实时监测系统与韧性优化策略推演

教学过程中需强化韧性要素的视觉转译训练，指导学生将理论概念转化为可量化的视觉评测标准。评估系统的深化应用需集成压力模拟功能，通过视觉化场景推演展现不同设计策略的韧性优化效果。最终形成的指标体系应具备跨系统兼容性，既能评估实体空间的设计稳定性又能分析信息系统的抗干扰能力。

参考文献

[1] 李珊姗 . 吴地非遗赋能高职教育教学的创新实践研究：以视觉传达设计专业为例 [J]. 现代职业教育，2025(14): 149-152.

[2] 林岩 . 民办高校视觉传达设计专业教学质量提升路径分析：以包装设计课程为例 [J]. 绿色包装，2025(4): 37-40.

[3] 丘元，夏妍 . 大数据技术支持下的高校视觉传达设计专业实训教学研究：以南京师范大学泰州学院为例 [J]. 上海包装，2025(3): 231-233.

[4] 罗小涛 . 专创融合下的地方特色跨学科专业实践教学体系建构：以视觉传达设计为例 [J]. 设计艺术研究，2025, 15(1): 136-143.

[5] 薛珂 . SPOC 混合式教学模式在视觉传达设计专业教学改革中的应用实践：以《动态图像设计》课程为例 [J]. 网印工业，2025(2): 126-128.

[6] 姜太军，叶晓波，胡慧，等 . 基于 BOPPPS 的课程教学模式创新构建与实践探索：以视觉传达专业课程线上线下混合式教学为例 [J]. 当代教育理论与实践，2025, 17(1): 50-57.

[7] 倪烨燕，张玲，王睿，等 . 高职视觉传达设计专业"前后道教学"实施路径解析：以《印刷工艺设计》课程为例 [J]. 网印工业，2025(1): 112-114.

[8] 杨川，唐艺 . 人工智能技术介入视觉传达设计专业课程思考：以文字与版式设计课程为例 [J]. 南京开放大学学报，2024(4): 51-58.

[9] 张弘 . 视觉传达设计专业"设计创新与非遗传承"双轨融合教学模式研究 [J]. 九江学院学报 (社会科学版), 2024, 43(4): 79-82.

[10] 袁学丽 . 基于"文化自信 + 设计赋能"探索高职视觉传达设计专业课程改革与实践 [J]. 美术教育研究，2024(21): 157-159.

[11] 魏楷林 . 5G 技术在职业院校视觉传达设计教学中的应用策略：以西北地区职业院校为例 [J]. 现代职业教育，2024(29): 161-164.

[12] 蔡飞 . 思政教育在视觉传达设计专业课程中的教学研究：以字体设计课程为例 [J]. 美术教育研究，2024(18): 70-72.

[13] 彭莉，张雄 . 视觉传达设计专业课程混合式教学模式的创新探索：以文字设计课程为例 [J]. 上海服饰，2024(9): 126-128.

[14] 李海峰 . 巴文化视觉符号在地方应用型高校视觉传达设计专业中的教学实践探究：以四川文理学院为例 [J]. 四川文理学院学报，2024, 34(5): 122-127.

[15] 梁驰云 . 视觉传达设计专业双语课程教学实践与思考：以广州华商学院"品牌设计"共融课程为例 [J]. 艺术家，2024(8): 99-101.

[16] 陈心怡 . 项目教学法在平面设计软件课程教学改革与探索：以视觉传达专业方向为例 [J]. 鞋类工艺与设计，2024, 4(13): 15-17.

[17] 崔静，王选政 . 乡村振兴战略下的艺术设计实践教学研究：以视觉传达设计专业实践教学改革为例 [J]. 新疆艺术学院学报，2024, 22(2): 111-116.

[18] 李媛媛 . 后信息时代地域文化背景下的特色教学改革：以视觉传达设计专业为例 [J]. 大众文艺，2024(10): 211-213.

[19] 杨上葵，许兴海，王子婷 . 新媒体时代地方应用型高校视觉传达设计专业教学模式创新探索：以"插画

设计”课程为例 [J]. 通化师范学院学报 , 2024, 45(5): 127-130.

[20] 王纯 , 张楠 . 美育循迹 : 视觉传达设计专业教学评价体系过程可视化革新与实践 [J]. 湖南包装 , 2024, 39(2): 199-202.

[21] 张光 . 基于多元智能理论的高校视觉传达专业三维设计课程教学模式创新探索 [J]. 网印工业 , 2024(4): 102-105.

[22] 蔡佩娟 , 吴柠 . 创新创业导向下民办高校视觉传达设计专业教学成果转化模式研究 [J]. 网印工业 , 2024(3): 125-127.

[23] 何湉 . 数字产业背景下视觉传达专业课程的改革与创新 : 以插画设计与商业应用课程为例 [J]. 新美域 , 2024(3): 172-174.

[24] 温子涵 . 创新教学模式下职业本科院校视觉传达设计专业现代学徒制的教育策略与变革 [J]. 上海包装 , 2024(2): 223-225.

[25] 高凯 , 周小舟 . 人工智能艺术“创作”背景下视觉传达设计专业教学可能会面临问题的思考 [J]. 新美域 , 2024(2): 103-105.

[26] 段雪敬 , 李昂 . 民间造型艺术在形态构成教学实践中的运用探索 : 以云南大学视觉传达设计专业为例 [J]. 创意设计源 , 2024(1): 35-40.

[27] 高聪蕊 , 刘琳琪 . 数字化时代视觉传达设计专业课程教学创新研究 : 以《融媒体广告设计》为例 [J]. 鞋类工艺与设计 , 2024, 4(1): 127-129.

[28] 赵勤, 李鸿祥. 科教产教融合下的线上线下混合教学改革与实践: 以视觉传达设计专业为例[J]. 上海包装, 2024(1): 222-224.

[29] 朱筱婧 . 地方非遗资源转化为高校教育资源的实践路径研究 : 以阜阳师范大学视觉传达设计专业为例 [J]. 传播与版权 , 2024(1): 93-96.

[30] 李媛媛 . 基于地域文化背景下地方院校特色课程体系构建探究 : 以视觉传达设计专业为例 [J]. 鞋类工艺与设计 , 2023, 3(23): 142-144.

[31] 徐扬 .“互联网 +”环境下的艺术类专业教学模式新思路 : 以视觉传达设计专业教学为例 [J]. 太原城市职业技术学院学报 , 2023(11): 75-77.

[32] 徐夕人 . 校企合作下视觉传达设计专业实训项目教学改革 : 以文化创意产品设计为例 [J]. 上海包装 , 2023(11): 190-192.

[33] 张程程 . 民办应用型本科院校艺术设计类专业项目化教学改革研究 : 以视觉传达设计专业为例 [J]. 上海包装 , 2023(10): 208-210.

[34] 高瑜 . 新文科背景下视觉传达设计专业教学改革创新研究 : 以包装设计课程为例 [J]. 美术教育研究 , 2023(18): 119-121.

[35] 池晗 . 产教融合背景下视觉传达设计专业课程教学模式改革与实践 : 以平面设计与制作课程为例 [J]. 菏泽学院学报 , 2023, 45(4): 65-69.

[36] 王雪鹤 . 翻转课堂在高职数字媒体专业教学中的应用 : 以视觉传达设计课程为例 [J]. 大观 , 2023(8): 125-127.

[37] 言琳华 . 探究“模块式”教学在视觉传达设计专业中的应用实践 : 以色彩基础课程为例 [J]. 色彩 , 2023(7): 151-153.

[38] 刘芳 . 高校视觉传达设计专业课程的教学探索与创新 : 以书籍装帧设计课程为例 [J]. 绿色包装 , 2023(5): 80-83.

[39] 罗小涛, 张露. 非遗传承与创新设计专题实践教学体系研究: 以视觉传达设计专业为例[J]. 设计艺术研究, 2023, 13(2): 106-110.

[40] 胡茜萍. 项目驱动法在高职院校视觉传达设计专业教学中的应用: 以“广西农企项目”为例[J]. 广西教育, 2022(18): 148-151.

[41] 谢梅玲 . 应用型本科视觉传达设计专业课程教学改革 : 以书籍装帧设计课程为例 [J]. 大众文艺 , 2022(10): 160-162.

[42] 周洁兰 .“新文科”背景下视觉传达设计专业 C4D 三维课程教学创新改革途径 [J]. 大学 , 2022(2): 149-152.

[43] 赵勤 , 回璇 .“四化四结合”实践教学模式下视觉传达设计专业创新人才培养研究 [J]. 美术教育研究 , 2021(19): 176-177.

[44] 吴默 . 工作室教学模式运用于中职数字媒体技术应用专业课程的初探 : 以视觉传达设计方向为例 [J]. 现代职业教育 , 2021(29): 112-113.

[45] 吕金龙 . 体育院校视觉传达设计专业教学创新研究 : 以武汉体育学院为例 [J]. 美术教育研究 , 2021(6): 132-133.

[46] 吕道远 , 周芬 . 创新创业背景下民办高校视觉传达设计专业的“网页设计”课程教学应用策略研究 [J]. 参花 (下), 2020(10): 80-82.

[47] 邵文杰 . 视觉传达设计专业创新能力培养课程体系建设研究 : 以重庆大学城市科技学院教学改革为例 [J]. 大众文艺 , 2020(15): 191-192.

[48] 刘丛丛 . 以赛促学 : 基于国内外设计竞赛理念的视觉传达设计专业教学创新实践研究 [J]. 大众文艺 , 2020(12): 205-206.

[49] 米括 , 高扬 . 微课在聋人高等教育教学中的应用 : 以视觉传达设计专业“装饰图案”课为例 [J]. 教书育人 (高教论坛), 2020(6): 100-101.

[50] 闫晓华 . 创新创业教育融入视觉传达设计专业实践教学之探索 : 以山西农业大学为例 [J]. 美术界 , 2020(1): 92-93.